FETICHISMO

PARA LER FREUD
Organização de Nina Saroldi

FETICHISMO
Colonizar o Outro

Por Vladimir Safatle

6ª edição

CIVILIZAÇÃO BRASILEIRA

Rio de Janeiro
2022

Copyright © Vladimir Pinheiro Safatle, 2010

Capa e Projeto gráfico de miolo
Gabinete de Artes/Axel Sande

Diagramação
Abreu's System

CIP-BRASIL. CATALOGAÇÃO-NA-FONTE
SINDICATO NACIONAL DOS EDITORES DE LIVROS, RJ

S134f	Safatle, Vladimir
6ª ed.	Feitichismo: colonizar o outro / Vladimir Safatle. - 6ª ed. - Rio de Janeiro: Civilização Brasileira, 2022.
	-(Para ler Freud)

Inclui bibliografia
ISBN 978-85-200-0861-4

1. Freud, Sigmund, 1856-1939. 2. Feitichismo. 3. Psicanálise. I. Título. II. Série.

10-2849.

CDD: 150.195
CDU: 159.964.2

Todos os direitos reservados. Proibida a reprodução, armazenamento ou transmissão de partes deste livro, através de quaisquer meios, sem prévia autorização por escrito.

Texto revisado segundo o novo Acordo Ortográfico da Língua Portuguesa.

Direitos desta edição adquiridos pela
EDITORA CIVILIZAÇÃO BRASILEIRA
Um selo da
EDITORA JOSÉ OLYMPIO LTDA.
Rua Argentina, 171 - 20921-380 - Rio de Janeiro, RJ - Tel.: 2585-2000

Seja um leitor preferencial Record.
Cadastre-se em www.record.com.br e receba informações sobre nossos lançamentos e nossas promoções.

Atendimento e venda direta ao leitor:
sac@record.com.br

Impresso no Brasil
2022

Ao Christian,
pela importância de nossa interlocução.

A humanidade nunca vive completamente no presente.
Sigmund Freud

SUMÁRIO

Apresentação da coleção   11

Prefácio   15

Introdução   21

**Da teoria da cultura
à teoria das perversões**   31

Eles não sabem o que veem   31

Eles não sabem o que desejam   36

**As primeiras elaborações
freudianas sobre o fetichismo**   45

O fetichismo nos *Três ensaios sobre a
teoria sexual*   46

A teoria do recalcamento parcial   51

O problema do reconhecimento da
diferença sexual   57

O que Leonardo da Vinci nunca esqueceu   66

O texto de 1927   73

Um brilho no nariz   74

Do recalcamento parcial à *Verleugnung*   81

Em direção à clivagem do Eu   89

**A clivagem do Eu e seus
descontentes**   93

Uma teoria do desmentido generalizado   94

Manter duas ideias opostas na mente	101
Eles (não) sabem o que fazem	104
As sutilezas metafísicas da mercadoria	109
Imagem e reificação	116
Uma zona psicológica obscura	125
Conclusão	133
Bibliografia	139
Cronologia de Sigmund Freud	145
Outros títulos da coleção Para ler Freud	151

APRESENTAÇÃO DA COLEÇÃO

Em 1939, morria em Londres Sigmund Freud. Hoje, passadas tantas décadas, cabe perguntar por que ler Freud e, mais ainda, qual a importância de lançar uma coleção cujo objetivo é despertar a curiosidade a respeito de sua obra.

Será que vale a pena ler Freud porque ele criou um campo novo do saber, um ramo da psicologia situado entre a filosofia e a medicina, batizado de psicanálise?

Será que o lemos porque ele criou, ou reinventou, conceitos como os de inconsciente e recalque, que ultrapassaram as fronteiras do campo psicanalítico e invadiram nosso imaginário, ao que tudo indica, definitivamente?

Será que devemos ler o mestre de Viena porque, apesar de todos os recursos farmacológicos e de toda a ampla oferta de terapias no mercado atual, ainda há muitos que acreditam na existência da alma (ou de algo semelhante), e procuram o divã para tratar de suas dores?

Será que vale ler Freud porque, como dizem os que compartilham sua língua-mãe, ele é um dos grandes estilistas da língua alemã, razão pela qual recebeu, inclusive, o prêmio Goethe?

Será que seus casos clínicos ainda são lidos por curiosidade "histórico-mundana", para conhecer as "bizarrices" da burguesia austríaca do final do século XIX e do início do XX?

Será que, em tempos narcisistas, competitivos e exibicionistas como os nossos, é reconfortante ler um investigador que não tem medo de confessar seus fracassos, e que elabora suas teorias de modo sempre aberto à crítica?

Será que Freud é lido porque é raro encontrar quem escreva como se conversasse com o leitor, fazendo dele, na verdade, um interlocutor?

É verdade que, tanto tempo depois da morte de Freud, muita coisa mudou. Novas configurações familiares e culturais e o progresso da tecnociência, por exemplo, questionam suas teorias e põem em xeque, sob alguns aspectos, sua relevância.

Todavia, chama atenção o fato de, a despeito de todos os anestésicos — químicos ou não — que nos protegem do contato com nossas mazelas físicas e psíquicas, ainda haver gente que se disponha a deitar-se num divã e simplesmente falar, falar, repetir e elaborar, extraindo "a seco" um sentido de seu desejo para além das fórmulas prontas e dos consolos que o mundo consumista oferece — a partir de 1,99.

Cada um dos volumes desta coleção se dedica a apresentar um dos textos de Freud, selecionado segundo o critério de importância no âmbito da obra e, ao mesmo tempo, de seu interesse para a discussão de temas contemporâneos na psicanálise e fora dela. Exceção à regra são os três volumes temáticos — histeria, neurose obsessiva e complexo de Édipo —, que abordam, cada um, um espectro de textos que seriam empobrecidos se comentados em separado. No volume sobre a histeria, por exemplo, vários casos clínicos e artigos são abordados, procurando refazer o percurso do tema na obra de Freud.

A cada autor foi solicitado que apresentasse de maneira didática o texto que lhe coube, contextualizando-o na obra, e que, num segundo momento, enveredasse pelas questões que ele suscita em nossos dias. Não necessariamente psicanalistas, todos têm grande envolvimento com a obra de Freud, para além das orientações institucionais ou políticas que dominam os meios psicanalíticos. Alguns já são bem conhecidos do leitor que se interessa por psicanálise; outros são professores de filosofia ou de áreas afins, que fazem uso da obra de Freud em seus respectivos campos do saber. Pediu-se, na contramão dos tempos narcisistas, que valorizassem Freud por si mesmo e encorajassem a leitura de sua obra, por meio da arte de escrever para os não iniciados.

A editora Civilização Brasileira e eu pensamos em tudo isso ao planejarmos a coleção, mas a resposta à pergunta "por que ler Freud?" é, na verdade, bem mais simples: porque é muito bom ler Freud.

NINA SAROLDI
Coordenadora da coleção

PREFÁCIO

Em um breve artigo de 1927, Freud afirma que o fetiche é um substituto do pênis da mulher — da mãe, em particular — no qual o menino outrora acreditou e de cuja crença não quer abrir mão. Dito de outro modo, os fetichistas são aqueles que, na infância, recusaram-se a registrar a percepção inevitável de que as mulheres não têm pênis.

Embora breve, o artigo diz muito em sua condensação e passa em revista conceitos fundamentais da teoria freudiana, como é o caso dos mecanismos de recalcamento (*Verdrängung*) e da "renegação" ou "desmentido" (*Verleugnung*). Freud afirma que a aversão de todos os fetichistas aos órgãos sexuais femininos reais seria um sinal inequívoco do recalque ocorrido à "descoberta" da castração feminina. O fetiche seria, assim, ao mesmo tempo, sinal de triunfo sobre a ameaça de castração — na falta do pênis, a mulher pode portar peles e salto alto — e uma espécie de proteção contra ela. Se a mulher se apresenta "montada" em peles e salto alto, o "problema" da castração feminina, que ameaça o homem porque o remete ao risco de ser, ele próprio, castrado e ferido em seu narcisismo, pode ficar bem escondido.

Freud vai mais longe, para desgosto das feministas de ontem e hoje, ao afirmar que a nenhum homem é poupado o horror da castração diante da visão do órgão sexual feminino. Seriam, portanto, três as reações possíveis a esse

15

horror: tornar-se homossexual; criar um fetiche; ou, como ocorre com a maioria dos homens (ufa, ainda bem), simplesmente superá-lo, aceitando o "pequeno pênis" (que é como Freud se refere ao clitóris) que as mulheres têm a oferecer.

A hipótese freudiana é a de que o fetiche seria constituído a partir da última visão ou impressão antes da descoberta traumática da castração feminina: pés ou sapatos seriam escolha preponderante entre os fetichistas porque os pequenos procuram espiar os órgãos genitais da mulher dos pés para cima. Peles e veludo ocupariam uma espécie de "segundo lugar" na preferência, porque remeteriam aos pelos públicos. As roupas íntimas, outra escolha comum, serviriam de última proteção antes da visão dos órgãos da mulher tais como são, e não como eram imaginados. O pequeno Hans,[1] por exemplo, acreditava que sua mãe, por ser grande, deveria possuir um pênis do tamanho do de um cavalo.

Vladimir Safatle, além de situar o artigo na obra de Freud e explorar sua importância para a constituição de uma teoria da perversão, explora o conceito de fetichismo na filosofia, na antropologia, na psicologia e na literatura psicanalítica posterior às investigações de seu fundador. Embora se concentre na análise do artigo canônico de 1927, ele retoma o assunto desde os *Três ensaios sobre a teoria*

---

[1] Se o leitor quiser saber mais sobre as fantasias do menino fóbico analisado por Freud, sugiro a leitura de outro volume desta coleção: *As duas análises de uma fobia em um menino de cinco anos — O pequeno Hans, a psicanálise da criança ontem e hoje,* de Celso Gutfreind.

sexual, indo até "A clivagem do eu e os processos de defesa", que Freud deixou inacabado em 1938. No meio do caminho, detém-se em "Uma lembrança de infância de Leonardo da Vinci" e faz menção a outros textos nos quais o tema se faz presente, inclusive a dois casos apresentados por Freud em reuniões da Sociedade de Psicanálise de Viena.

O autor parte da obra do escritor francês Charles de Brosses, colaborador da *Enciclopédia* de Diderot, para mostrar como a cultura do período iluminista — impressionada com o "exotismo" dos povos da África e das Américas — "naturalizou" uma determinada compreensão de fetichismo como se esse fosse análogo ao pensamento infantil e parte integrante da cultura dos povos primitivos. Exacerbar determinados traços físicos ou espirituais de um objeto sexual, ou tomar como objeto sexual seres inanimados, seria a característica distintiva do fetichismo, tanto na caracterização de De Brosses quanto na de Freud. Safatle mostra como o fetichismo também tem a ver com o reconhecimento da diferença sexual, bem como com a noção de recalcamento parcial.

Passando em revista a literatura psicanalítica, Safatle conclui que o recurso à análise de comportamentos em sociedades pré-modernas serve para elucidar comportamentos patológicos em sociedades modernas. Desse modo, o estudo do fetichismo de povos indígenas, resgatado por autores como Octave Mannoni, mantém atuante a hipótese do fundador da psicanálise de que a ontogênese (a história do indivíduo) repete a filogênese (a história da espécie), assim como conserva a noção de que a doença mental é uma espécie de regressão.

Safatle aponta, além disso, outro elemento de extrema relevância para a compreensão da sociedade contemporânea "civilizada": a convivência íntima e indissociável entre encantamento e desencantamento. Dito de outro modo, o sujeito moderno mantém em si o "dispositivo arcaico" de sustentar seu mito individual apesar de toda descrença, do declínio dos valores transcendentes que parece deixá-lo entregue à sua própria sorte. Além da análise de comportamentos desviantes ou atípicos, o livro de Safatle mostra como a psicanálise consegue revelar, por meio do estudo do fetichismo, fenômenos amplamente disseminados na convivência normal, na chamada "boa sociedade". Exemplo disso é a relação que estabelecemos com a publicidade: ninguém em sã consciência pode dizer que acredita nos anúncios de cosméticos, no modo como cabelos secos rapidamente se tornam brilhantes e sedosos depois do uso de determinado xampu, mas o fato de não acreditarmos no anúncio não nos deixa mais imunes a sua influência.

Safatle questiona a tendência crescente na literatura psicanalítica contemporânea de considerar a perversão o traço psicológico por excelência da sociedade. Segundo ele, tal posição pode significar simplesmente uma espécie de nostalgia humanista e uma crítica moral ao hedonismo e à ausência de limites no mundo atual. Para o autor, seria mais interessante, em vez de assumir essa posição, investigar as novas formas de organização psíquica do Eu nas quais a operação de desmentido é mais frequente do que o mecanismo de recalcamento. Isso exigiria, evidentemente, uma revisão da técnica analítica baseada na interpretação e na ideia de recalque. Dito de outro modo, Safatle afirma que somos todos um pouco fetichistas e vivemos no registro do "Eu sei bem, mas mesmo assim". Citando o escritor F. Scott Fitzgerald, Safatle afirma que manter duas ideias opostas na mente ao mesmo tempo e não perder a capacidade de funcionar tornou-se uma característica dominante na sociedade atual.

Quando as fronteiras entre o normal e o patológico se esfumaçam, isso pode significar uma estratégia de sobrevivência: a convivência de ideias opostas que se alternam de maneira flexível na mente comum (afinal, a flexibilidade é uma das grandes "virtudes" contemporâneas).

O autor enuncia que "o encantamento fetichista, em vez de um não querer saber, é um saber impotente diante da crença". Acrescento que no mundo desencantado da atualidade resistem, por exemplo, diversas formas daquilo que o filósofo esloveno Slavoj Zizek chamou de *crença descafeinada*. Tomamos cerveja sem álcool como se ainda fosse cerveja, café sem cafeína como se ainda fosse café, montamos árvores de Natal sem acreditar mais em Jesus Cristo do que em Papai Noel, somente para não afrontar os costumes da cultura da qual fazemos parte. A ordem é retirar da coisa a substância ativa, a propriedade nociva, que faz com que ela seja o que é (no caso da religião, o rigor de seus preceitos). No que se refere à crença, retiramos dela precisamente o que a faria funcionar, ou seja, o fato de aderirmos a ela para valer.

Ao final do livro, temos — na condição de *bonus track* — uma pequena e rica digressão a respeito das semelhanças estruturais entre o fetichismo em Freud e o fetichismo da mercadoria em Marx; nela, Safatle compara o uso do conceito para desvendar como se dá o processo de determinação do valor em nossas sociedades (Marx) com "o modo com que a maturação sexual e a formação do Eu podem admitir a regressão e a dissociação subjetiva" (Freud).

Nina Saroldi

INTRODUÇÃO

Poucos são os termos tão ligados à constituição da consciência da modernidade ocidental quanto "fetichismo". Enunciado pela primeira vez em 1756 pelo escritor francês Charles de Brosses, membro da Académie des Inscriptions et Belle-Lettres de Paris e colaborador da *Enciclopédia* de Diderot e d'Alambert, o fetichismo aparecia como peça maior de uma operação que visava a estabelecer os limites precisos entre nossas sociedades esclarecidas e sociedades primitivas pretensamente vítimas de um sistema encantado de crenças supersticiosas. Já o título da obra de De Brosses dedicada à apresentação sistemática do fetichismo era ilustrativo: *Do culto dos deuses fetiches ou Paralelo da antiga religião do Egito com a religião atual da Nigritia* (1760).[2] Ou seja, tratava-se de criar um paralelo entre um limite à racionalidade moderna ao mesmo tempo histórico (no passado) e geográfico (no presente), determinar as coordenadas histórico-geográficas do pensamento primitivo, isso através da identificação de uma forma de encantamento cuja ilustração perfeita seria o culto aos ditos deuses fetiches.

À ocasião, o fetichismo aparecia definido, fundamentalmente, como culto de objetos inanimados e, em outros

---

[2] Termo que vem do latim *niger* (negro) e que designava a região africana, povoada por negros, entre a bacia do Nilo superior e o Oceano Atlântico.

casos, como divinização de animais e de fenômenos irregulares da natureza. Baseando-se no relato de navegadores portugueses a respeito do modo de culto de tribos africanas da Guiné e da África Ocidental, De Brosses criava um termo derivado do português antigo *fetisso* (que dará no atual *feitiço*) a fim de colocar em marcha uma generalização extensa que englobava esses espaços infinitos nos quais o Ocidente não via sua própria imagem.

Tal caracterização do pretenso pensamento primitivo por meio do fetichismo atravessará os séculos XVIII e XIX. Ela pode ser encontrada, entre outros, em escritos de ideólogos como Destutt de Tracy, de filósofos como Kant, Hegel, Benjamin Constant, mas será com Augusto Comte que o fetichismo, definido como estágio inicial da vida social e das formas do pensar, alcançará sua enunciação canônica. Assim, quando o termo aparece pela primeira vez na psicologia e nos estudos das perversões, através de dois artigos, publicados em 1887 pelo psicólogo francês Alfred Binet, intitulados "O fetichismo no amor", ele já tinha atrás de si uma longa história. Constituído por derivação, o fetichismo como nosografia da perversão visava a dar conta dos modos de investimento libidinal em objetos inanimados e partes do corpo, investimentos esses que podiam chegar à condição de determinações exclusivas do interesse sexual.

De fato, contrariamente a termos como "sadismo", "masoquismo", "exibicionismo", todos constituídos ou transformados em perversões sexuais nessa época, "fetichismo" é a única categoria nosográfica que nasce da apropriação conceitual de um termo então em franca utilização em outra área do saber. Tal peculiaridade não deve ser negligenciada. Da mesma forma que o fetichismo aparecia no interior das teorias sobre a vida social como dispositivo de crítica a formas de vida que teriam permanecido em uma "infância perpétua" marcada pela ignorância e barbárie,[3] o fetichismo relacionado à vida amorosa aparecia como modo de fixação do comportamento a uma fase regressiva em relação à maturidade sexual ligada aos imperativos de reprodução. Nesse sentido, talvez nenhum outro termo expôs tão claramente essa estratégia de legitimação de práticas clínicas baseada na aproximação entre "pensamento primitivo", comportamento infantil e patologia mental. Como se estivéssemos diante de três figuras maiores da minoridade. Uma minoridade contra a qual o esclarecimento, anunciado por este Iluminismo cujo impulso alimentou a constituição do termo "fetichismo", prometeu combater, seja na clínica, seja na crítica social. Minoridade esta assentada sobre o mito da identidade entre o doente, o primitivo e a criança. Um pouco como se o fetichismo fosse "a África no sujeito" e os perversos, "selvagens entre europeus".[4]

Este talvez seja o melhor contexto para abordar o problema do fetichismo no interior da psicanálise freudiana. Como veremos, os textos que Freud dedicou ao problema, em especial o pequeno texto de 1927 intitulado *Fetichismo*, não são apenas peças importantes na constituição de uma

---

[3] De Brosses chega a falar, a respeito dos povos fetichistas, que "seus costumes, suas ideias, seus raciocínios, suas práticas são as das crianças" (DE BROSSES, Charles. *Du culte des dieux fétiches*. Paris: Fayard, 1988).

[4] BÖHME, Hartmut. *Fetischismus und Kultur: eine andere theorie der Moderne*. Rowohlt: Hamburgo, 2006, p. 400.

teoria psicanalítica das perversões. Eles apresentam uma elaboração maior referente às formas de encantamento e alienação próprias a modos hegemônicos de relação dos sujeitos ao trauma da sexualidade e da diferença sexual. No entanto, tal forma trará consequências para além do campo da sexualidade. Vários foram os psicanalistas que perceberam como Freud tendia, no final de sua vida, a desdobrar suas reflexões desenvolvidas no interior da teoria restrita do fetichismo para repensar sua teoria da formação do Eu.[5] Neste deslocamento de uma economia restrita a uma economia geral, tudo se passa como se uma categoria nosográfica construída para dar conta de um certo modo de impossibilidade de sujeitos alcançarem a maturidade sexual fosse aos poucos mudando de função para expor processos e mecanismos próprios a uma teoria geral da mente; processos que diriam respeito a regimes cada vez mais hegemônicos de constituição de "sujeitos maduros" e de "resolução" de conflitos psíquicos.

Nesse sentido, este livro não gostaria de ser apenas uma análise estrutural dos textos freudianos sobre o fetichismo, mas principalmente uma tentativa de reflexão sobre o que estava em jogo nessa maneira tão peculiar a Freud de trabalhar com um conceito clínico que traz em seu corpo as marcas de uma teoria do esclarecimento e do progresso histórico. Como se fosse o caso de problematizar a forma com que uma teoria do progresso histórico fundamentava noções de psicologia do desenvolvimento. Freud sempre soube que a

---

[5] Ver, principalmente, BASS, Alan. *Diference and disavowal: the trauma of Eros.* Stanford: Stanford University Press, 2000, e REY-FLAUD, Henri. *Le dementi pervers: le refoulé et l'oublié.* Paris: Aubier, 2002.

clínica não era um campo isolado de toda e qualquer elaboração de processos sociais de valoração e muito há ainda a se dizer a respeito das articulações profundas entre os textos freudianos sobre técnica analítica e esses referentes à teoria da cultura e dos vínculos sociais. Pois noções clínicas reguladoras como normalidade, maturação, desenvolvimento estão longe de ter sua gênese relacionada ao campo exclusivo da clínica. Elas nascem, muitas vezes, através do apoio que a clínica pede silenciosamente às esferas da reflexão sobre a cultura e sobre a teoria social. O que nos leva a colocar questões epistemológicas fundamentais como: o que a clínica deve a uma produção de valores que tem sua fonte fora da clínica? Como tais valores conseguem estabelecer relações de ressonância com problemas eminentemente clínicos?

Essas questões derivam de uma problemática geral referente à maneira com que um discurso que pleiteia objetividade científica (e esse era o caso da psicanálise para Freud) depende do que não é imediatamente ciência.[6] Problemática essa que deve ser aplicada ao campo geral da clínica das doenças mentais. Lembremos, a esse respeito, que o termo "fetichismo" não é apanágio exclusivo da psicanálise. A psiquiatria contemporânea continua utilizando-o para descrever essa categoria da parafilia caracterizada por "fantasias

---

[6] Nesse sentido, trata-se de seguir uma questão de método claramente posta por Georges Canguilhem: "A história das ideias não pode ser necessariamente superposta à história das ciências. Porém, já que os cientistas, como homens, vivem sua vida num ambiente e num meio que não são exclusivamente científicos, a história das ciências não pode negligenciar a história das ideias" (CANGUILHEM, Georges. *O normal e o patológico*. Rio de Janeiro: Forense Universitária, 2002, p. 25).

sexualmente excitantes, recorrentes e intensas, impulsos sexuais e anseios ou comportamentos envolvendo o uso de objetos inanimados"[7] que acometem sujeitos ao longo de um período mínimo de seis meses. Poder-se-ia dizer que, no caso da psiquiatria contemporânea, trata-se de um mero empréstimo conceitual à tradição. No entanto, empréstimos conceituais têm uma grande diferença em relação a empréstimos bancários: quem toma emprestado um conceito sempre leva mais do que pede.

Mas se voltarmos à elaboração freudiana veremos como ela impõe um profundo redirecionamento no sentido usualmente pressuposto da noção de "fetichismo". Por essa razão, ela é funcionalmente solidária de outra elaboração maior a respeito do fetichismo e que deixará traços indeléveis na forma de autocompreensão do Ocidente. Trata-se da discussão marxista referente ao fetichismo da mercadoria. Podemos dizer isso porque tanto Marx quanto Freud acabaram por dar forma conceitual a um momento histórico de deslocamento do sistema de partilha entre modernidade e pré-modernidade. Pois eles mostraram como o encantamento e a alienação que o Ocidente identificou em seu Outro operam, na verdade, *no interior de nossas sociedades desencantadas e no cerne de nossas próprias formas de vida*. Por isso, eles se servem de um conceito (fetichismo) que até então era usado para descrever o que seria exterior às sociedades modernas (De Brosses, Comte), o que seria fixação que impediria o desenvolvimento de processos de matura-

---

[7] DSM-IV-TR. *Manual diagnóstico e estatístico de transtornos mentais*. Porto Alegre: Artmed, 2002, p. 542.

ção da vida sexual (Binet). Mas agora eles o utilizam para descrever o interior do processo de determinação do valor em nossas sociedades (Marx) ou ainda o modo com que a maturação sexual e a formação do Eu podem admitir a regressão e a dissociação subjetiva (Freud).

Através dos dois autores, o fetichismo se transforma em dispositivo de crítica da modernidade e de seus processos de socialização, expondo os móbiles de alienação seja no interior do campo do trabalho (Marx) seja no interior do campo do desejo (Freud). Nesse sentido, não deixa de ser sintomático que, no momento em que a antropologia abandonar o conceito de fetichismo como um "imenso mal-entendido" entre a civilização europeia e africana, isso principalmente por meio de uma crítica decisiva feita pelo antropólogo Marcel Mauss, em 1907,[8] ele continuará em operação nesses dois regimes de crítica que têm em comum a exigência de levar a cabo a exposição das alienações no interior das formas hegemônicas de vida no Ocidente: a psicanálise e o marxismo. Ele servirá ainda para dar corpo, uma década depois do texto freudiano maior sobre o fetichismo, a um modo de crítica da produção cultural que nascerá exatamente da extensa confluência entre psicanálise e marxismo. Trata-se da discussão de Theodor Adorno a respeito do "fetichismo na música". Discussão fundamental para a constituição de um modo de crítica da cultura psicanaliticamente orientada.[9]

---

[8] MAUSS, Marcel. *Oeuvres*. t. II. Paris: Minuit, 1974, p. 245.
[9] A respeito do conceito de "fetichismo" em Adorno, ver SAFATLE, Vladimir. "Fetichismo e mimesis na filosofia adorniana da música", *Revista Discurso*, nº 37, pp. 365-406.

Dessa forma, não é desprovido de interesse perceber como o fetichismo acaba por ser utilizado também para a exposição dos móbiles da alienação no campo da linguagem. Ele aparece, assim, como um termo que tem a força de unificar crítica da linguagem, do trabalho e do desejo nas sociedades modernas capitalistas. Essa força peculiar vem talvez do fato de o fetichismo demonstrar como "nenhuma teoria da modernidade poderia ser mais falsa que essa que identifica modernização e incremento linear da racionalidade".[10]

Mas para compreender de modo preciso o verdadeiro caráter das elaborações freudianas, faz-se necessário insistir na maneira com que sua teoria do fetichismo é dependente de um mecanismo bastante peculiar de suspensão de conflitos psíquicos, descrito através do termo *Verleugnung* (que, em português, tende-se atualmente a ser traduzido por "desmentido", "renegação" ou "desautorização"). Não poderemos compreender o que significa o fetichismo para Freud se não centramos o foco nesse mecanismo maior. Como veremos, ele desempenha papel central no processo de constituição do Eu e de suas funções.

Por outro lado, a *Verleugnung* traz dificuldades suplementares para a teoria do recalcamento (*Verdrängung*) e, por consequência, dos modos de interpretação e cura. Não por outra razão, a perversão sempre foi um dos desafios mais complexos da clínica analítica. Por outro lado, com a teoria da *Verleugnung,* Freud abriu as vias para uma *definição estrutural da perversão* que não parte mais da descrição exaustiva de sintomas sempre cambiantes. Nada mais

---

[10] BÖHME, Hartmut, *op. cit.*, p. 25.

adequado a uma clínica, como a psicanálise, que não é uma sintomatologia, mas uma articulação sobre as posições estruturais do sujeito frente a seu desejo.

Para a psicanálise contemporânea, a perversão não se caracteriza, por exemplo, pela descrição de comportamentos sexuais desviantes em relação à norma sexual. Nem todos aqueles com traços de comportamentos masoquistas, sádicos, voyeristas ou mesmo fetichistas são necessariamente perversos. O que não poderia ser diferente, pois não há distinção entre fantasias neuróticas, psicóticas e cenários perversos, não há fantasmas exclusivos dos perversos (o que Freud já havia nos demonstrado em *Bate-se em uma criança*). Por exemplo, um homem que tivesse comportamento sexual masoquista diante de uma mulher que ele julga ser, literalmente, uma deusa provavelmente estaria mais próximo de uma psicose do que de uma perversão. Há, na verdade, *um modo estrutural de organização psíquica* que é condição necessária para todo diagnóstico psicanalítico de perversão. Podemos dizer que, para a psicanálise, o modo de relação do sujeito ao seu desejo é estruturalmente distinto na perversão, na neurose e na psicose. É esse modo de relação que a teoria freudiana do fetichismo evidencia de maneira paradigmática.

DA TEORIA DA CULTURA À TEORIA DAS PERVERSÕES

Eles não sabem o que veem

Esses fetiches divinos não são outra coisa que o primeiro objeto material que cada nação ou cada particular tem o prazer de escolher e de consagrá-lo em cerimônia por seus sacerdotes: é uma árvore, uma montanha, o mar, um pedaço de madeira, um rabo de leão, um seixo, uma concha, o sal, um peixe, uma planta, uma flor, um animal de certa espécie; enfim, tudo o que se possa imaginar de parecido.[11]

Era dessa forma que Charles De Brosses procurava caracterizar o que ele entendia por "fetichismo": o culto supersticioso de um objeto arbitrariamente escolhido devido a alguma qualidade diferencial que agradaria ao crente. Nessa definição, encontrava-se a materialização da incompreensão dos colonizadores europeus diante da complexidade dos sistemas simbólicos dos "povos primitivos". Por ser "arbitrário" e "contingente", o objeto cultuado era apenas a expressão imediata da projeção antropomórfica de crenças e vontades, ou seja, a forma mais elementar de

---

[11] DE BROSSES, Charles, *op. cit.*, p. 15.

superstição produzida por associações indevidas de ideias. Eles sequer poderiam ser analisados como alegorias ou símbolos, já que estaríamos em uma espécie de "grau zero da capacidade de representação".[12]

Essa noção de "fetiche" já estava presente nas reflexões do século XVII e XVIII a respeito das práticas religiosas dos africanos, a quem a ideologia colonial procurava impor uma "mentalidade primitiva". De fato, o termo nasce do impacto das Grandes Navegações no imaginário europeu. Vendo a maneira com que objetos inanimados e animais eram compreendidos como dotados de forças sobrenaturais por tribos africanas, os navegantes portugueses descreveram tais objetos como *fetissos*. Ao se perguntar sobre o que significaria exatamente o termo português *fetisso,* De Brosse falará de "coisa encantada, divina", devido à sua pretensa derivação da raiz latina *fatum* (destino, oráculo), *fanum* (lugar consagrado) e *fari* (falar, dizer), deixando de lado a raiz latina derivada de *factio* (modo de fazer), *facticius* (artificial, falso), que era a correta. Erro providencial, pois retirou a reflexão sobre o fetiche das vias de uma indagação sobre *o artifício que se apresenta enquanto tal* para colocá-la na direção de problemas ligados à imanência da crença.[13] No entanto, é essa via mais próxima do sentido original da palavra que Freud irá recuperar.

---

[12] IACONO, Alfonso. *Le fétichisme: histoire d'um concept.* Paris: PUF, 1992, p. 51.

[13] A esse respeito, ver AGAMBEN, Giorgio. *Estâncias.* Belo Horizonte: Editora UFMG, 2007.

Se De Brosses não foi o responsável pela constituição do termo "fetiche", ele foi aquele que, através da criação do neologismo "fetichismo", forneceu as condições fundamentais para a transformação de uma reflexão sobre práticas de culto de tribos africanas em dispositivo de descrição do pensamento primitivo *em geral*, pois independente de questões vinculadas a localização geográfica ou temporal. Estratégia maior para a consolidação da maneira com que a consciência nascente da modernidade poderá estabelecer suas fronteiras.

Em seu livro, De Brosses apresenta uma longa compilação de relatos de viagens à Oceania, às Américas, ao Brasil, à África, a fim de mostrar a presença do mesmo sistema fetichista de crenças. Seu intuito principal é deixar clara a inexistência de diferença estrutural entre tais práticas e aquelas que encontraríamos na religião da Grécia antiga e do Egito. O que não poderia ser diferente, já que se trata de apresentar uma teoria evolucionista do progresso social e do pensamento capaz de justificar a partilha entre sociedades modernas e pré-modernas presentes no mesmo momento histórico. As sociedades fetichistas teriam permanecido em um estágio inicial de desenvolvimento, em uma infância perpétua, em um "estado natural bruto e selvagem"[14] já que o fetichismo seria, como dirá Diderot em carta a De Brosses, "a religião primeira, geral e universal".[15]

---

[14] DE BROSSES, Charles, *op. cit.*, p. 95.
[15] Cf. DAVID, Michèle. "Lettres inédites de Diderot et de Hume écrites de 1755 à 1763 au président de Brosses". *Revue Philosophique*, n° 2, abr.-jun. 1966.

Este esquema será levado ao seu maior desenvolvimento pelas mãos de Augusto Comte em sua teoria dos três estados do espírito humano (o teológico, o metafísico e o positivismo; o fetichismo seria a primeira fase do estado teológico, seguido pelo politeísmo e pelo monoteísmo).[16]

Duas características maiores definiriam essa infância própria ao fetichismo: um *modo de pensar projetivo* animado pelo medo e pela ignorância, assim como a *incapacidade de operar com simbolizações e abstrações*.[17] A primeira característica mostra o fetichismo como modo elementar de defesa contra um afeto: o medo diante do caráter imprevisível dos fenômenos naturais. Projetar qualidades humanas em objetos naturais aparece como móbile de um pensamento assombrado pelo medo, pensamento que ainda não se tornou "senhor da natureza" através do desvelamento da estrutura causal dos fenômenos.

Por outro lado, De Brosses compreende "o progresso natural das ideias humanas" por meio de um *movimento de*

---

[16] Sobre a relação Comte-De Brosses, ver DE BROSSES, Charles. "La notion de fétichisme chez Auguste Comte et l'oeuvre du Président De Brosses, Origines des dieux fetiches." *Revue d'Histoire des Réligions,* v. 171, n. 2, 1967, pp. 207-221. Sobre a noção de fetichismo em Comte, ver CANGUILHEM, Georges. "Histoire des réligions et histoire des sciences dans la théorie du fétichisme d' Auguste Comte". *Etudes d'histoire et philosophie des sciences.* Paris: Vrin, 2002.

[17] A psicologia social continuará, por muito tempo, a definir o pensamento irracional como aquele preso às amarras da projeção e da incapacidade de operar com abstrações. Ver, por exemplo, a maneira com que Gustave Le Bon definia os móbiles da psicologia das massas, no final do século XIX, em LE BON, Gustave. *Psychologie des foules.* Paris: PUF, 1947.

abstração que consiste em "passar dos objetos sensíveis aos conhecimentos abstratos".[18] As sociedades fetichistas seriam estranhas a formas de pensamento que se abstraem das determinações sensíveis imediatas a fim de construir conceitos e símbolos genéricos. Ou seja, elas desconheceriam o pensamento conceitual, tomando por atributo imediato da coisa particular o que é próprio de sua espécie, gênero ou da estrutural causal da qual ela faz parte. Por isso, De Brosses deve insistir a todo momento que o fetiche não é uma forma de representação, como é o caso da imagem de um santo católico ou do ouro (que os índios cubanos teriam compreendido como o "fetiche dos espanhóis" — adiantando em alguns séculos Marx), já que o pensamento primitivo seria marcado pela "ausência de desdobramento entre o representante e o representado".[19] Ele é um pensamento imerso nas ilusões do imediato, estranho a alegorias, sem qualquer capacidade de transcendência; um pouco como uma criança que toma metáforas ao pé da letra por pretensamente desconhecer os usos figurados da linguagem.[20]

Por sua vez, a potência da representação só seria própria de religiões derivadas do judaísmo, como o cristianismo e o islamismo. Pois a crítica judaica às representações do divino teria impulsionado a constituição de uma sensibi-

---

[18] DE BROSSES, Charles, *op. cit.*, p. 101.

[19] IACONO, Alfonso, *op. cit.*, p. 54.

[20] No entanto, notemos que o mais correto seria falar não em incapacidade de abstração, mas em naturalização de processos de abstração feitos de maneira inconsciente. O "primitivo" que eleva o dente de leão à condição de fetiche naturaliza a força enquanto atributo próprio à totalidade conceitualizada do animal. Ele toma, assim, a parte pelo todo.

lidade que não confunde o que aparece com o que é, o fenômeno com a essência. Daí por que De Brosses pode afirmar que: "Para os selvagens, os nomes *Deus* e *Espírito* não significam em absoluto o que eles querem dizer entre nós".[21] É devido a tal estrutura de projeções e à incapacidade de passar dos objetos sensíveis aos conhecimentos abstratos que De Brosses resumirá a situação de ignorância própria do pensamento primitivo por meio de uma frase que não deixa de ressoar a maneira com que Marx descreverá o desconhecimento ideológico: "Eles não sabem o que veem."[22]

Eles não sabem o que desejam

Quando, mais de um século depois, o psicólogo francês Alfred Binet resolve utilizar o termo "fetichismo" para descrever uma perversão sexual, o esquema de compreensão sintetizado por Charles De Brosses já se tornara uma espécie de senso comum intelectual.

Levar o termo para o interior das práticas clínicas da psicologia nascente não exigiu saltos complexos. Como vimos, desde o início, a teoria do fetichismo dava espaço à crença em um paralelismo entre progresso "histórico-natural" da humanidade (filogênese) e desenvolvimento do indivíduo (ontogênese). Por sua vez, no final do século XIX a doença mental era compreendida sobretudo como um *fenômeno de regressão e degenerescência* no qual o progresso da

---

[21] DE BROSSES, Charles, *op. cit.*, p. 103.
[22] *Idem*, *op. cit.*, p. 134.

doença fazia o caminho inverso do desenvolvimento do indivíduo, já que ela seria, principalmente, dissolução de funções complexas de coordenação das faculdades e julgamentos; substituição de tais funções por atividades cada vez mais simples e restritas. Tal noção de doença mental dependia, assim, de uma certa teleologia evolutiva na qual etapas anteriores de maturação seriam superadas e integradas em etapas subsequentes; noção essa que se organiza a partir da lógica do aperfeiçoamento progressivo. Neste contexto, o recurso ao fetichismo como categoria clínica não deve nos estranhar, pois nao há nada mais natural do que aprofundar o paralelismo pressuposto entre filogênese e ontogênese utilizando categorias descritivas do processo evolutivo social para operar no interior da determinação de patologias mentais.

Isso talvez nos explique por que, como Foucault bem compreendeu, o fetichismo apareceu como "perversão modelo",[23] como paradigma para a inteligibilidade de todas as outras formas de perversão. Assim, quando Freud afirmar que "a sexualidade perversa não é outra coisa que a sexualidade infantil alargada, decomposta em suas moções singulares",[24] estará, à sua maneira, servindo-se do esquema evolutivo hegemônico até então, que tendia a vincular perversão e bloqueio no progresso em direção à maturação. E quando Freud afirmar que "vemos nos animais todas as formas de

---

[23] FOUCAULT, Michel. *Histoire de la séxualité*. v. I. Paris: Gallimard, 1976, p. 203.

[24] FREUD, Sigmund. *Gesammelte Werke*. v. XI, Frankfurt: Fischer, 1999, p. 321.

perversão petrificadas (*erstarren*) em organização sexual",[25] trata-se da consequência de procurar descrever as etapas de evolução da libido através de um esquema filogenético inspirado nas ciências naturais de sua época.

Por outro lado, que essa articulação entre filogênese e ontogênese ocorra de maneira privilegiada no campo da reflexão sobre o comportamento sexual, como foi o caso com o fetichismo, isso se explica pelo fato de a sexualidade ter sido elevada à condição de espaço privilegiado de manifestação do que é da ordem da verdade dos sujeitos. Falar francamente sobre sexo foi um dispositivo maior de constituição dos móbiles do esclarecimento em seu combate contra os preconceitos. No entanto, esse falar foi indissociável da implantação progressiva de discursos de aspiração científica que visavam a normatizá-lo através da sua submissão a uma taxionomia rígida, a uma classificação exaustiva e valorativa sobre o que é da ordem do sexual e de seus prazeres. Isso significa dizer que o falar franco sobre o sexo teve sua contrapartida no desenvolvimento de uma clínica das perversões sexuais; como se a ordem médica fornecesse, necessariamente, o regime de clarificação objetiva e de ordenamento seguro do conteúdo trazido por esse falar. Esse é o contexto no qual o estudo de Binet apareceu: contexto da constituição do discurso clínico sobre as perversões através desses extensos sistemas de ordenamento com seu "sadismo", "masoquismo", "voyeurismo", "exibicionismo", "dom-juanismo", suas "inversões" etc.

---

[25] *Idem, ibidem*, p. 368.

Ao falar pela primeira vez sobre o fetichismo no amor, Binet inicia seu texto lembrando que, se o fetichismo religioso consistiria na adoração de objetos inanimados e naturais pretensamente dotados de poderes sobrenaturais, "no culto de nossos doentes a adoração religiosa foi substituída pelo apetite sexual".[26] Nesse contexto, o fetichismo aparece como o "amor por coisas inertes", como o investimento libidinal em objetos inanimados (peças de vestuário, uniformes) ou em partes de representações globais de pessoas (mãos, pés, olhos, cabelos, tranças, cheiro ou mesmo traços imateriais de caráter, como a severidade, a dureza). Tais objetos e partes têm, em comum, a incapacidade de satisfazer aquilo que Binet chama de "necessidades genitais", ou seja, o sexo submetido aos imperativos da reprodução. Por isso, eles seriam impróprios para a vida sexual normal. Assim, se uma das características maiores do fetichismo desde De Brosses era a impossibilidade de se "passar dos objetos sensíveis aos conhecimentos abstratos", algo de semelhante ocorria aqui, já que o perverso fetichista seria incapaz de passar do objeto à função, ou seja, do investimento nos objetos sensíveis e particularidades ao investimento na função global de reprodução sexual. Função que, do ponto de vista dos objetos que atraem o desejo, é "abstrata", por exigir a transcendência em relação àquilo que Freud chamará mais tarde de "prazer específico de órgão".

---

[26] BINET, Alfred. *Le fétichisme dans l'amour*. Paris: Payot et Rivages, 2001, p. 31. Para falar do fetichismo religioso, Binet apoia-se principalmente no estudo do sanscritista alemão Friedrich Max Müller intitulado "O fetichismo é uma forma primitiva de religião?"

Devido à fascinação generalizada por prazeres preliminares ao ato sexual e por atributos específicos do sujeito desejado, Binet reconhece que todo mundo é mais ou menos fetichista no amor. Daí a necessidade de distinguir o "pequeno" e o "grande" fetichista (o único que seria realmente um caso patológico). Com tais termos, pode parecer que a distinção é meramente quantitativa. De fato, Binet não cansará de dizer que apenas quando a importância sexual do detalhe secundário é "exagerada", quando a parte apaga todo o resto da "pessoa física e moral", quando a parte advém um todo independente, que estaríamos diante de uma patologia fetichista. Isso o leva a afirmar que "o amor do pervertido é uma peça de teatro na qual um simples figurante avança em direção à cena e toma o lugar do protagonista".[27]

Assim, Binet pode fornecer duas características maiores da perversão fetichista: a *abstração*, compreendida aqui, de maneira bastante peculiar, como ato de abstrair-se da "totalidade da pessoa" a fim de se fixar em um traço isolado ou em um objeto que lhe seja contíguo; e a *exageração* (ou a sobrevalorização), já que os fetichistas procurariam "tudo o que pode aumentar o volume físico ou a importância do objeto material que eles adoram".[28] Há claramente, nessas duas características, o que poderíamos chamar de "processo de autonomização dos meios em relação aos fins". Esse é o ponto essencial, já que ele indicaria impossibilidade de

---

[27] *Idem, ibidem*, p. 127.
[28] *Idem, ibidem*, p. 109.

apreensão de estruturas finalistas e fascinação por aquilo que aparece imediatamente.

No entanto, tais características implicam também *modificações qualitativas* no comportamento sexual. Pois o grande fetichista seria incapaz de gozar ou excitar-se sexualmente, a não ser através dos objetos e partes por ele investidos libidinalmente. Fato, em última instância, ligado ao gozo fetichista ser fundamentalmente gozo do primado da imagem e da imaginação. Para o fetichista, "a realidade sempre permanece inferior à imagem que ele dela fez".[29] Por isso, a terceira característica fundamental da perversão fetichista seria a *generalização*. A fim de insistir na necessidade de conformação do objeto à imagem mental produzida pelo perverso, Binet chega a dizer que o fetichista ama, na verdade, o *gênero,* e não o objeto particular. O objeto particular não é outra coisa do que a ocasião para a *projeção* de uma imagem mental que coloniza o mundo dos objetos do desejo, tal como o selvagem fetichista preso a um sistema projetivo de cognição. Algo muito diferente do amor normal, que seria a escolha de um objeto particular, escolha que se concentra inteiramente em uma única pessoa individualizada, da qual amaríamos, no mesmo grau, todas as partes de seu corpo e todas as manifestações de seu espírito.

A respeito desse gozo da imagem próprio ao fetichismo, devemos levantar dois aspectos. Primeiro, ao perguntar-se sobre a gênese da perversão fetichista, Binet, sem deixar de reconhecer a hereditariedade como "causa das causas" que prepara o terreno no qual o fetichismo poderá germinar,

---

[29] *Idem, ibidem*, p. 44.

insiste na necessidade de um acontecimento na história precoce do doente que teria a força de produzir a fixação fetichista. Por exemplo, ao falar de um paciente, vítima de um peculiar "fetichismo da touca de dormir", Binet descreve como ele, aos cinco anos, dormia na mesma cama que sua mãe e tinha uma ereção persistente ao vê-la vestida com a dita touca. Mais ou menos na mesma época, o paciente via constantemente uma servente idosa tirar a roupa e, quando essa colocava uma touca de dormir, ele sentia-se excitado, tendo, com isso, uma ereção. A explicação fornecida por Binet consiste em insistir na existência de um processo de associação de ideias vinculando as duas situações de forma tal que as diferenças sensíveis entre a mãe e uma servente idosa podiam ser ignoradas pelo desejo. Essa associação de ideias se dá fundamentalmente através da força de analogias e semelhanças impulsionadas pela *imagem fantasmática* e libidinalmente investida da touca de dormir ligada ao prazer sentido no leito materno.

É sintomático o fato de a psicologia social da época de Binet ver, nesse pensar associativo por imagens, o ponto de convergência entre pensamento primitivo, pensamento infantil, patologia mental e... o pensamento das massas (mais uma figura da minoridade). Todos eles seguiriam as relações de contiguidade e semelhança próprias às imagens. É tendo isso em vista que devemos compreender afirmações como estas, bastante aceitas à época:

Os raciocínios inferiores das massas são, como os raciocínios elevados, baseados em associações: mas as ideias associadas pelas massas têm, entre elas, apenas ligações aparentes de semelhança ou de sucessão. Elas encadeiam-se à maneira das ideias de um esquimó, que, sabendo por experiência que o gelo, corpo transparente, se dissolve na boca, conclui que o vidro, corpo igualmente transparente, deve se dissolver na boca também; ou do selvagem que acredita adquirir a bravura de um inimigo corajoso ao comer seu coração; ou do operário que, explorado pelo patrão, conclui que todos os patrões são exploradores".[30]

Se esses "raciocínios inferiores" são diferentes dos "raciocínios elevados" (destes que acreditam, contrariamente aos operários capazes de colocar vidro na boca, na existência do bom patrão), é porque o pensamento por imagem é distinto do pensamento conceitual em seu regime de associação. Ele não se deixaria aprisionar nas sendas da analogia e da contiguidade.

Sendo assim, ao ser aplicado ao campo das perversões sexuais pelas mãos de Alfred Binet, o fetichismo conservava seu caráter de indicador de fronteiras entre as formas racionais de vida e os múltiplos regimes de minoridade. Suas duas características maiores presentes desde Charles De Brosses continuavam, a saber, a estrutura projetiva da relação entre consciência e o mundo dos objetos de seu desejo, além da incapacidade de aceder ao pensamento conceitual, índice maior do progresso intelectual. A primeira característica era visível na descrição do fetichismo como um gozo de imagens, gozo de uma imaginação que procura reduzir os

---

[30] LE BON, Gustave, *op. cit.*, pp. 44-45.

objetos a imagens fantasmáticas de satisfação. A segunda característica nos levava ao fetichismo como sintoma da perda da relação à totalidade, seja ao indivíduo como totalidade de qualidades e atributos, seja à função de reprodução como vetor que totaliza os prazeres parciais. Essa perda da relação à totalidade dava lugar a um pensamento por associações impulsionadas por analogias e semelhanças imaginárias.

AS PRIMEIRAS ELABORAÇÕES FREUDIANAS SOBRE O FETICHISMO

Se levarmos em conta a quantidade de textos freudianos sobre o fetichismo, poderíamos acreditar que esse foi um problema desprovido de centralidade para o psicanalista. Na verdade, temos apenas dois curtos textos, um de 1927 (*O fetichismo*), um de 1938 (*A clivagem do Eu e os processos de defesa*), assim como trechos dos *Três ensaios sobre a teoria sexual* (1905), do *Delírios e sonhos na Gradiva de Jensen* (1907), de *Uma lembrança de infância de Leonardo da Vinci* (1911), do capítulo XXII das *Conferências introdutórias à psicanálise* (1916) e do capítulo VIII do *Compêndio de psicanálise* (1938). Há ainda referências rápidas ao fetichismo em outros textos. Além disso, conhecemos atualmente dois casos apresentados em reuniões da Sociedade de Psicanálise de Viena. O primeiro data de 1909, o outro de 1914. O caso apresentado em 1909 aparece, de maneira mais completa, em uma carta de Freud a Karl Abraham, de 24 de fevereiro de 1910. Isso é tudo.

No entanto, Freud dá grande importância a suas elaborações sobre o fetichismo. Três são as razões. Primeiro, o fetichismo é uma confirmação decisiva do papel do complexo de castração. Nesse sentido, ele é uma peça importante na justificação da teoria freudiana da sexualidade. Segundo, através do fetichismo, Freud apresenta um modo peculiar de funcionamento da crença em que essa pode ser perene exatamente por dissociar-se do saber. Essa dissociação entre crença e saber implicará profundas mutações no sentido do fetichismo, tal como herdado da tradição iluminista. Por fim, o fetichismo permitirá a Freud expor um traço maior da estrutura funcional do Eu moderno, a saber, a clivagem (*Spaltung*). O reconhecimento da clivagem como fato intransponível da estrutura do Eu permitirá à posteridade psicanalítica constituir as bases para uma crítica dos processos de maturação e desenvolvimento individual hegemônicos em nossa forma de vida, assim como complexificar certos aspectos importantes da teoria freudiana da mente. Com isso, o fetichismo deixa de ser peça de justificativa de uma teoria do progresso histórico aplicado à ontogênese do indivíduo para voltar-se contra o próprio contexto teórico que o gerou. Talvez seja o pressentimento de tal fato que levou Freud, em um texto autobiográfico de 1935, a ver a elucidação do fetichismo como uma de suas principais contribuições teóricas nos últimos dez anos.[31]

O fetichismo nos *Três ensaios sobre a teoria sexual*

O primeiro texto importante de Freud sobre o fetichismo data, pois, de 1905. Trata-se de um curto intertítulo no

---

[31] FREUD, Sigmund, *op. cit.*, v. XVI, p. 32. Como bem lembra Pontalis, o estudo de Freud sobre o fetichismo, juntamente com os textos sobre o narcisismo e o masoquismo, longe de procurar constituir estruturas nosográficas específicas e regionais, visam fornecer indicações globais do funcionamento do aparelho psíquico (PONTALIS, Jean-Bertrand. Introduction. *In*: "L'objet du fétichisme", *Nouvelle Revue de Psychanalyse*, n. 2, p. 10).

capítulo "Desvios em relação ao alvo sexual" do ensaio "As aberrações sexuais", o primeiro dos *Três ensaios sobre a teoria sexual*.[32] Algumas notas a esse trecho serão acrescentadas à ocasião da segunda (1910), terceira (1915) e quarta (1920) edições do livro. Elas expõem complementos importantes que indicam o trajeto que levará Freud, dessas primeiras elaborações, ao texto canônico de 1927 sobre o fetichismo.

Nessas primeiras elaborações, Freud não está longe daquilo que podemos encontrar em Binet e nos grandes tratados de psicopatias sexuais da época, como o *Psychopathia sexualis*, de Richard Krafft-Ebing (1886), e as *Contribuições à etiologia da psicopatologia sexual*, de Iwan Bloch (1902-1903).

Freud começa seu livro lembrando que há, *grosso modo*, duas formas de desvios no comportamento sexual: aqueles referentes ao objeto sexual (homossexualismo, pedofilia e zoofilia) e aqueles referentes ao alvo sexual, compreendido como a relação sexual visando à reprodução. Nesse segundo caso, há ainda duas subdivisões: as *transgressões anatômicas* em relação à sexualidade genital, como a felação, o sexo anal e *a fixação em alvos sexuais preliminares*, como o voyeurismo, o sadismo e o masoquismo (já que uma certa forma de violência seria componente preliminar

---

[32] As traduções dos textos freudianos para o português estão em processo de revisão devido à qualidade questionável da versão brasileira das Obras Completas. Por isso, as traduções aqui apresentadas são sugestões minhas. Há boas traduções dos textos citados em espanhol (Amorrortu), em francês e em inglês. Há uma boa tradução em português do texto "Fetichismo", que saiu recentemente pela Imago, sob a coordenação de Luis Hanns.

de todo ato sexual). Por mais que pareça contraintuitivo, Freud vincula os casos de fetichismo ao primeiro grupo.

Seguindo a via aberta por Binet, Freud afirma que o fetichismo estaria ligado à substituição do alvo sexual normal pelo gozo de uma parte do corpo estranha à reprodução ou de um objeto inanimado que tem relação com a pessoa sexualmente investida. Podemos dizer, seguindo uma expressão sintetizada por Jacques Lacan, que se trata de um "deslocamento metonímico", já que é questão de passar da pessoa como representação global ao investimento libidinal em uma de suas partes ou atributos.

Como Binet, Freud reconhece que um certo grau de fetichismo é próprio da vida amorosa, já que o amor exige a "sobrevalorização psicologicamente necessária do objeto sexual, que se estende inevitavelmente a tudo o que é ligado por associação a esse último".[33] Os casos patológicos são apenas esses nos quais a aspiração à possessão do fetiche ocupa o lugar das exigências de reprodução, suplementando uma certa impotência, ou quando o fetiche se destaca de uma pessoa determinada e advém o único objeto de interesse sexual.

Ainda seguindo Binet, Freud afirma que a etiologia do fetichismo está ligada a impressões sexuais precoces próprias da primeira infância, impressões essas que produziriam traços mnésicos determinantes para os modos de escolha de objeto. Contudo, em uma nota escrita em 1920, Freud afirma que os exemplos de impressões sexuais precoces fornecidos por Binet são todos posteriores ao quinto

---

[33] FREUD, Sigmund, *op. cit.*, v. V, p. 53.

ano de infância. Haveria uma fase de desenvolvimento sexual anterior que o fetiche marca com o véu do esquecimento por ser uma "lembrança-encobridora" (*Deckerinnerung*), ou seja, uma recordação que desloca o verdadeiro núcleo do acontecimento, que nos fixa em algo que apenas encobre um acontecimento que deve ser revelado. Trata-se, assim, de insistir que há algo antes da imagem congelada pelo fetiche. Dessa forma, Freud tenta introduzir aquilo que ainda não existia à época da primeira edição dos *Três ensaios...* a saber, o vínculo do fetichismo à teoria do complexo de castração e mesmo à teoria do complexo de Édipo, que é posterior à primeira edição dos *Três ensaios...*

De fato, o fetichismo aparece nos *Três ensaios...* como modo de reflexão sobre a plasticidade própria da libido. Ele serve principalmente para mostrar como as pulsões sexuais não são naturalmente vinculadas a imperativos de reprodução, mas são tendencialmente polimórficas, sempre prontas a desviarem, inverterem, transporem, de maneira aparentemente inesgotável, os alvos e objetos sexuais. O primado da sexualidade genital a serviço da reprodução é a última fase que a organização sexual atravessa e só se impõe por meio de processos profundos de repressão e recalcamento. É isso que Freud tem em vista ao afirmar: "A vida sexual compreende a função de obtenção do prazer através de zonas corporais; ela é posta apenas posteriormente (*nachträglich*) a serviço da reprodução".[34] Daí por que haveria "algo de inato na base das perversões, mas algo que é inato a todos os ho-

---

[34] FREUD, Sigmund, *op. cit.*, v. XVII, p. 75.

mens".[35] Algo que diz respeito à polimorfia perversa que encontraríamos em toda sexualidade infantil. Polimorfia deve ser compreendida aqui como reconhecimento dessa posição na qual a multiplicidade dos prazeres corporais não se submete à hierarquia teleológica dos imperativos de reprodução com seu primado do prazer genital. Ela implica que, em Freud, a sexualidade nos fornece o modelo de um peculiar *processo sem princípio unitário de organização*.

Assim, pelos prazeres corporais não se submeterem imediatamente a uma hierarquia funcional, cada zona erógena (boca, ânus, ouvidos, órgãos genitais etc.) parece seguir sua própria economia de gozo e cada objeto a elas associados (seio, fezes, voz, urina) satisfaz uma pulsão específica, produzindo um "prazer específico de órgão".[36] Freud chamará de "pulsões parciais" tais pulsões que não se submetem à satisfação com representações globais de pessoas produzidas graças a uma imagem unificada do corpo. Ele chamará também de "autoerótica" tal satisfação, por ela procurar e encontrar seus objetos no corpo próprio do sujeito desejante, já que mesmo o seio e a voz do Outro materno são compreen-

---

[35] *Idem, op. cit.*, v. V, p. 71.

[36] O melhor comentário do sentido desse prazer de órgão vem de Alenka Zupancic: "Em relação à necessidade de alimentar-se, com a qual ela inicialmente se vincula, a pulsão oral persegue um objeto distinto do alimento: ela persegue (e procura repetir) a pura satisfação produzida na região da boca durante o ato de nutrição (...) nos seres humanos, toda satisfação de uma necessidade permite, a princípio, a ocorrência de outra satisfação, que tende a advir independente e a se autoperpetuar na procura e na reprodução de si" (ZUPANCIC, Alenka. "Sexuality and ontology". *In: Why psychoanalysis?* Uppsala: NSU Press, 2008, p. 16).

didos pelo bebê como sendo objetos internos à sua própria esfera de existência.

Por essa via, a perversão nos apresentaria a permanência de um certo "passado pré-histórico" próprio da infância. O que não deve nos estranhar, já que "todos os distúrbios patológicos da vida sexual podem certamente ser considerados como inibições do desenvolvimento"[37] e do progresso em direção à maturação. Ou seja, até aqui, as reflexões freudianas sobre o fetichismo e a perversão não se afastam do sentido geral presente nas considerações da sexologia da época.

A teoria do recalcamento parcial

O segundo momento importante das elaborações freudianas sobre o fetichismo começa em 1909, com uma reunião na Sociedade de Psicanálise de Viena em que Freud apresenta considerações sobre um caso de fetichismo. Através dessas considerações, o psicanalista esboça pela primeira vez a especificidade da sua teoria do mecanismo fetichista graças à noção de "recalcamento parcial", abrindo as portas para suas contribuições realmente originais. Alguns anos depois, em 1911, uma outra peça fundamental será apresentada, a saber, a relação profunda entre teoria do fetichismo e teoria do complexo de castração.

Freud apresenta o caso como se referindo a um fetichista por roupas. Tratava-se de um filósofo de 25 anos descrito como elegante e altamente educado. Em sua primeira

---

[37] FREUD, Sigmund, *op. cit.*, v. XVII, p. 109 .

seção de análise, ele chama a atenção de Freud pela maneira cuidadosa com que dobra a calça ao deitar-se no divã. De fato, o paciente dá grande importância às suas roupas. Sexualmente impotente, ele havia deslocado todo seu interesse por mulheres em direção às roupas que elas deveriam portar. Uma mulher tornava-se para ele "impossível" se não estivesse vestida de maneira ideal. Por uma razão simétrica, ele se tornara também um "filósofo especulativo", cujo interesse pelas coisas foi substituído por um interesse pelas palavras, definidas pelo paciente como "a roupa das coisas".

Freud explica a gênese do fetichismo lembrando que, na infância, o paciente fora espectador regular de sua mãe trocando de roupa e despindo-se. Na verdade, eles habituaram-se a trocar de roupa um na frente do outro, estabelecendo, assim, "uma atmosfera de intimidade física" que durava até então. Ele advém *voyeur*. Sua primeira masturbação se dá ao observar, em um hotel, uma mulher desnudar-se. Segue-se posteriormente um período de recalque tanto do prazer voyeurista quanto do investimento libidinal na mãe. O paciente emerge então desse recalcamento como fetichista por roupas, sendo que a peça de roupa mais investida libidinalmente será a calcinha.

O mesmo paciente também era fetichista por botas e pés. Sua infância fora cheia de atividades coprofílicas, o que indicava vínculo privilegiado a objetos anais com seu prazer olfativo característico. Por exemplo, Freud relata como, entre oito e dez anos, o paciente deixava uma salsicha dura pendurada no ânus a fim de cortar pequenos pedaços dela ao longo do dia. Com uma sensibilidade extrema ao odor, o mesmo paciente tinha o hábito de mexer entre os dedos dos pés a fim de sentir o cheiro que daí exalava. O prazer copro-fílico olfativo estaria na base do fetichismo por botas e pés. No entanto, ao elevar os pés à condição de fetiche, uma modificação importante ocorria. Não se tratava mais de pés sujos e malcheirosos, mas de pés "idealizados".

A interpretação freudiana consiste em dizer que, nos dois casos, esteve em operação "um tipo de recalcamento instituído através da clivagem do complexo [representati-vo]. Uma parte é genuinamente recalcada, enquanto a outra é idealizada, o que no nosso caso significa que ela é elevada a fetiche".[38] É essa clivagem que Freud entende por "recal-camento parcial da pulsão". No caso da gênese do fetichis-mo pelos pés, Freud usará tal noção para explicar como o prazer olfativo (ou seja, o afeto) é *reprimido* (*unterdrückt*), enquanto o complexo representativo, composto dos pés e seu odor, é clivado e apenas parcialmente recalcado. De fato, o odor como objeto pulsional ligado ao erotismo anal será submetido ao *recalcamento*. Já os pés passarão por uma desafecção e serão *idealizados*.

Da mesma forma, no caso do fetiche por roupas, o pra-zer escópico será reprimido, enquanto o complexo repre-sentativo composto pelo corpo feminino/materno e suas roupas (ou, mais especificamente, pelo sexo feminino e pela calcinha) é clivado. Separado de seu objeto, o prazer escó-pico pode assim ser invertido no seu contrário, a saber, na fixação por aquilo que impede a visão do corpo desnudado: as roupas elevadas à condição de fetiches idealizados.

---

[38] FREUD, Sigmund. "On the genesis of fetishism", p. 155. *The psychoan-alytic quartely*, 1988, n. 57, p. 155.

Mas o que significa exatamente "idealização" nesse contexto? Essa é uma pergunta importante, pois nos levará à maneira pela qual Freud assume, tal como Binet, que o fetichista "ama o gênero, e não o objeto particular". Ela nos leva, assim, à natureza imaginária do gozo fetichista.

Pela idealização, Freud procura expor o processo através do qual o objeto é subtraído de toda determinação qualitativa capaz de servir de suporte de individuação e reduzido à condição de puro suporte de um traço genérico sobrevalorizado que ele deve necessariamente portar (uma peça de roupa que deve ser necessariamente usada, um atributo físico que deve ser necessariamente ressaltado), suporte de um atributo projetado pelo sujeito, material a ser conformado a uma imagem-modelo libidinalmente investida. Nesse sentido, o fetiche é o que resta quando um objeto é esvaziado de toda determinação individualizadora. Resta o gozo por uma imagem infinitamente reprodutível, impessoal, dessensibilizada. Sem essa idealização, não pode haver fetichismo, já que não há o processo psíquico pressuposto pela operação fetichista.

Décadas após Freud, o psicanalista e psiquiatra Robert Stoller, em um estudo sobre o erotismo, teve a ideia de "ouvir não apenas o fetichizador, mas o fetiche". Isso significava, no seu caso, entrevistar Olympia, *stripper* e modelo erótica "formada para ser um fetiche", já que todo seu corpo não era outra coisa que a tela de projeção de uma imagem ideal. Dentre várias afirmações de Olympia, uma deixava muito claro isto que Freud entendera como resultado da idealização fetichista:

Tento manter-me receptiva ao que eles [a plateia, os leitores de revistas masculinas] querem ver e *manter-me tão arquetípica quanto possível*, dizer um pouco sobre mim mesma em cada coisa que faço, de modo que cada pessoa da plateia veja o que quer ver.

Como não é exatamente fácil dizer um pouco de si mesmo quando cada pessoa vê o que quer ver, ela será obrigada a reconhecer: "Sentia-me completamente destacada de meu corpo, sentia-me como uma entidade completamente separada dele. Ainda vejo meu corpo como uma ferramenta, como algo a ser usado [pelo Outro, diríamos nós]."[39]

Mas Freud afirmaria que essa *pura submissão integral do corpo à forma idealizada* só é possível porque ele foi clivado e aquilo que nele vinculava-se à satisfação das pulsões parciais, com sua polimorfia refratária à conformação do corpo a uma imagem unificada, foi recalcado. No entanto, esse recalcamento dos representantes da pulsão era bastante peculiar por deixar marcas visíveis no sistema de escolhas de objetos do sujeito fetichista, já que o objeto idealizado ainda guarda, pela via associativa, ligações com esses objetos das pulsões parciais polimórficas que Karl Abraham chamará de "objetos parciais".

Este é um dado importante: *o fetiche não é um objeto parcial,* ele não é uma espécie de objeto bruto imediatamente presente no campo do desejo (como as fezes, a voz, o olhar, o seio), mas uma pura fabricação, uma elaboração a

---

[39] STOLLER, Robert. *Observando a imaginação erótica.* Rio de Janeiro: Imago, 1998, pp. 86-89.

partir de tal objeto, o que faz jus à raiz portuguesa da palavra, que associa *fetiche* e *factício*.[40] Por isso, em 1909, à ocasião da discussão que se seguiu à apresentação feita por Freud de seu caso clínico, o psicanalista se viu obrigado a fornecer uma importante precisão. Ao comentar a apresentação de Freud, o psicanalista Wilhelm Steckel fala do caso de um suposto "fetichista de urina" que se excitava bebendo urina e vendo mulheres urinarem. Freud discorda do diagnóstico de fetichismo porque não havia idealização, mas apenas fixação perversa e regressiva em um objeto pulsional próprio das pulsões parciais.

A operação fetichista era mais elaborada do que essa simples fixação. Inicialmente, ela supunha a realização de um recalcamento do vínculo simbiótico a objetos de pulsões parciais. Um "fetichista de urina" não podia ser fetichista porque tais vínculos não foram recalcados. Mas dizer ser necessário perder esses objetos primeiros para advir fetichista significa, necessariamente, admitir que todo fetichista reconhece os imperativos de socialização do desejo e de maturação sexual. No entanto, o recalcamento desses objetos das pulsões parciais era feito de forma tal que ele não levava àquilo que deveria, ou seja, como veremos, ao fortalecimento das consequências do primado da organização genital na sexualidade. Dado importante, pois mostrava que se o feti-

---

[40] Donald Winnicott compreendeu bem esse ponto ao aproximar fetiche e objeto transicional, sem esquecer de dizer que o objeto transicional não podia ser imediatamente confundido com um objeto parcial, já que entre os dois haveria uma relação simbólica (WINNICOTT, Donald. *Jeu et réalité*. Paris: Seuil, 1971, pp. 7-24).

chismo aparecia como modo de fixação do comportamento a uma fase regressiva em relação à maturidade sexual, ele não poderia ser confundido com simples fixação a estágios arcaicos do desenvolvimento da organização libidinal.

O problema do reconhecimento da diferença sexual

Aqui, encontramos uma questão maior. Por que, no caso do fetichismo, o reconhecimento do primado da organização genital não conseguirá impor suas consequências, como a submissão das atividades sexuais à função geral de reprodução com seu primado genital e, como veremos, o reconhecimento da diferença binária de sexos? Reconhecimento que seria uma etapa importante no processo de socialização da criança por implicar a assunção de um sistema regulado de diferenças e de separações. O que havia no fetichismo que demonstrava como um processo de maturação poderia ocorrer, mas estranhamente cortado de partes de seus efeitos? Para responder tal pergunta, Freud articulará sua gênese do fetichismo a um fato decisivo na constituição das identidades sexuais, a saber, a experiência da ameaça da castração.

Estudos clínicos atuais insistem que a grande maioria de casos de fetichismo acomete apenas homens, embora raros casos de fetichismo feminino também sejam descritos na bibliografia psicanalítica.[41] Essa era uma posição tam-

---

[41] Para casos sobre fetichismo feminino, consultar KAPLAN, Louise. *Female perversion*. Northvale: Jason Aronson, 1997. De qualquer forma, essa afirmação tem uma certa parcialidade. Pois ela não leva em conta

bém partilhada por Freud devido a uma razão fundamental: o fetichismo estaria ligado a um procedimento maior na constituição da identidade *masculina*.

Desde 1907, ou seja, logo depois dos *Três ensaios sobre a teoria sexual,* Freud insistia que a criança, ao tentar desenvolver teorias sobre a sexualidade devido tanto à curiosidade sobre a origem dos bebês quanto à surpresa diante do desenvolvimento de seus próprios prazeres corporais, inicialmente atribui um pênis a todos os seres humanos. A importância dessa suposição vem do fato de o processo de maturação sexual estar ligado à passagem de uma sexualidade polimórfica, na qual cada zona erógena parece seguir exigências autônomas de satisfação, a uma sexualidade unificada e submetida ao primado da zona genital. Por essa razão funcional, o pênis aparece como a zona erógena condutora, o objeto privilegiado de investimento narcísico, o que impossibilita a criança representar um ser humano desprovido dessa parte fundamental do corpo.

Esse julgamento deve também estar presente em crianças do sexo feminino. Para tanto, Freud afirma que a sexualidade feminina passa pelo mesmo processo de unificação em direção ao primado *fálico* (como toda a significação simbólica que o termo "falo" implica, em sua diferença à empi-

---

qual é a economia libidinal da mulher que se submete à condição de puro suporte do objeto-fetiche. Como devemos descrever a mulher que adequou sua lógica de gozo à condição de participante de cenários fetichistas? Isso sem esquecer daquilo que os estudos de gênero chamam de "lesbian dildo debate", ou seja, mulheres que praticam relação sexual com pênis postiço (dildo).

ricidade do "pênis"), e não apenas genital. Primeiro, a criança organiza sua libido a partir da crença na universalidade do falo e, consequentemente, da crença em uma forma única de gozo. Só posteriormente ela assume uma organização centrada na especificidade de seus órgãos genitais.

Nesse sentido, o clitóris seria inicialmente compreendido como um "pequeno pênis", e o prazer clitoridiano seria a sede de um primeiro momento da sexualidade feminine, marcado, principalmente, por aquilo que Freud chama de "complexo de masculinidade". Esse caráter masculino da sexualidade na menina só será superado no momento de sua passagem pelo complexo de Édipo, através de um deslocamento em que a zona genital predominante passa do clitóris à vagina.[42] Notemos ainda que essa teoria infantil do "monismo fálico" impõe o desconhecimento da diferença sexual com seu potencial fundamental de alteridade.

Esse é um ponto muito importante. É possível que a diferença sexual seja a primeira experiência de alteridade profunda com a qual a criança se confronta no interior da vida social. Nesse sentido, ela é o fato fundamental no interior do que poderíamos chamar de "maturação". Até porque reconhecê-la implica ter à sua disposição um modelo de

---

[42] A seu favor, Freud afirma que as primeiras excitações são clitoridianas, e não vaginais. No entanto, poucos foram os capítulos do freudismo que receberam tantas críticas quanto sua teoria da sexualidade feminina, em especial a ideia de que o clitóris feminino equivaleria, em um primeiro momento, a um pequeno pênis, o que demonstraria o caráter necessariamente masculino da libido sexual. Para uma crítica bem construída a esse ponto, ver BENJAMIN, Jessica. *The bonds of love*. Nova York: Pantheon, 1988.

reconhecimento da diferença que certamente influenciará processos sociais mais gerais. O que não deveria nos estranhar, já que "o comportamento sexual do homem é geralmente um protótipo (*Vorbild*) de todos os outros modos de reação no mundo".[43] No entanto, reconhecer a diferença sexual será um processo mais complexo do que inicialmente poderíamos imaginar, sobretudo porque Freud insiste na tese de um bissexualismo inato à condição humana. Nesse sentido, a assunção da diferença sexual será sempre também um problema relacionado ao destino dado àquelas tendências opostas à identidade sexual assumida.

A esse respeito, tentemos descrever como a criança, em especial aquela do sexo masculino, procura abandonar sua teoria do monismo fálico. Freud afirma que a simples percepção da ausência de pênis na mulher não é suficiente para suspender a crença infantil. No conflito entre desejo e percepção, a criança pode servir-se da estrutura proposicional do julgamento e organizar tal conflito através de separações entre sujeito proposicional e um de seus atributos. Assim, ela pode dizer a si mesma: "A mulher tem um pênis... mas ele é muito pequeno", "A mulher tem um pênis... mas ele só crescerá mais tarde".

Notemos como, já nesse momento, a feminilidade deve ser vista pela criança como fonte de aversão, já que poderíamos simplesmente imaginar que, ao perceber a ausência de pênis na mulher, ele descobriria também *uma outra forma de gozo* que não passa pelo primado fálico. Essa

---

[43] FREUD, Sigmund. *Gesammelte Werke*. v. VII, Frankfurt: Fischer, 1999, p. 161.

via não é pensável para a criança por existir um vínculo fundamental entre feminilidade e passividade, assim como entre masculinidade e atividade. Em vários momentos, Freud afirmará ser esse vínculo grandemente produzido de forma social e, por isso, "insatisfatório, empírico e convencional".[44] No entanto, essa produção social terá peso decisivo. Assim, como o afastamento de uma posição passiva (exemplificada de maneira paradigmática pelo bebê passivamente submetido aos cuidados da mãe) e a assunção da posição de agente são um processo fundamental para o desenvolvimento psíquico, é inegável que a feminilidade aparecerá, para a criança, sob o selo de um certo rebaixamento. Tanto o menino quanto a menina vivenciarão a feminilidade de maneira aversiva. Aversão que Freud chamará de "recusa da feminilidade" (*Ablehnung der Weiblichkeit*), sem ter medo de reconhecer que ela poderia fundar-se em algum fato biológico.[45]

A natureza desse fato biológico parece estar bastante ligada, em larga medida, ao que Freud chama de "masoquismo originário", ou seja, uma posição resultante da primeira sexualização dessa pulsão de morte que originalmente reina no organismo. Tal vínculo primeiro entre libido e pulsão de morte está na base daquilo que Freud chama, por sua vez, de *masoquismo feminino*. Nesse sentido, o vínculo entre libido e pulsão de morte seria o fundamento da "expressão da essência feminina (*feminines Wesen*)".[46] Compre-

---

[44] *Idem*, *ibidem*, v. XVII, p. 115.
[45] Cf. os famosos parágrafos finais de *Análise finita e infinita*. In: *Idem*, *ibidem*, v. XVI, p. 99.
[46] *Idem*, *ibidem*, v. XIII, p. 373.

ender o verdadeiro significado dessa proposição freudiana nos obrigaria a entrar em uma discussão que, infelizmente, não cabe no escopo deste livro. Afinal, há, ao menos, duas leituras possíveis sobre esse ponto. Podemos dizer que vincular feminilidade e masoquismo é a fantasia masculina por excelência, pois ela é a maneira masculina de erotizar a agressividade contra o feminino enquanto diferença. No entanto, podemos dizer também que a sexualização da pulsão de morte própria ao masoquismo nos obriga a compreender a posição feminina como expressão da desestruturação da noção mesma de identidade sexual.[47]

Essa segunda via, que nos colocaria além do vínculo entre feminilidade e passividade, exige uma compreensão mais clara do que devemos entender por "pulsão de morte". Normalmente, admitimos que a pulsão de morte indica apenas uma certa tendência de retorno à origem inorgânica. A morte aparece aqui pensada a partir do modelo objetivo de uma matéria indiferente inanimada. De fato, Freud falava de uma autodestruição da pessoa própria à satisfação da pulsão de morte. Mas podemos entender, nesse contexto, por *pessoa* a identidade do sujeito no interior de um universo simbólico estruturado. Neste sentido, a morte própria à pulsão seria o operador fenomenológico que nomeia a suspensão do regime simbólico e fantasmático de produção de identidades. Ela seria, fundamentalmente, um princípio de dissolução de individualidades presente em todo organis-

---

[47] Discussões com Christian Dunker foram decisivas para mim nesse ponto.

mo.[48] Se admitirmos essa via, as consequências do reconhecimento do "masoquismo feminino" como expressão da essência feminina deveriam necessariamente ser revistas.

No entanto, é fato que todas as vezes em que volta à tese da bissexualidade biologicamente inata em todos os sujeitos, transformando com isso a sexualidade, tanto do homem quanto da mulher, em um campo de tensão e de conflito entre antagônicos, Freud normalmente acaba por associar moções ativas/masculinidade e passivas/feminilidade. A esse respeito, devemos insistir: *reconhecer a diferença sexual dessa maneira assimétrica é, no fundo, uma maneira de não reconhecê-la*. Nesse contexto, o reconhecimento da diferença binária de sexos equivale, no fundo, a uma exclusão em que a posição feminina aparece, necessariamente, sob o signo da humilhação. É difícil não conceder esse ponto a psicanalistas como Jéssica Benjamin, que afirmam: "No coração da teoria psicanalítica encontra-se um paradoxo não aceito: a criação da diferença *distorce* o reconhecimento do outro, em vez de promovê-la. A diferença se revela como governada pelo código da dominação".[49] Sejamos claros: o que está em jogo no reconhecimento da diferença sexual não pode ser a aceitação de que a "anatomia é o destino" (mesmo que Freud utilize tal expressão), mas o reconhecimento de outra forma de gozo distinta dessa pressuposta pelo primado fálico, um outro modo de organização da ló-

---

[48] Para uma discussão detalhada sobre esse ponto, remeto a SAFATLE, Vladimir. "A teoria da pulsão como ontologia negativa", *Revista Discurso*, nº 36, 2006.

[49] BENJAMIN, Jessica, *op. cit.*, p. 135.

gica do desejo. Sendo assim, poderíamos nos perguntar, como vários teóricos de gênero perguntaram, se a teoria freudiana forneceria o aparelho conceitual necessário para pensarmos, de outra maneira, a dinâmica do que está em jogo na diferença sexual.

De fato, a teoria freudiana nos permite desenvolver outra forma de abordagem desse problema. Pois talvez a dificuldade de o sujeito aceitar a diferença sexual em seu potencial de alteridade, e não através desse rebaixamento da feminilidade a um sinônimo de passividade (afinal, a fantasia masculina por excelência), venha, na verdade, da submissão da sexualidade polimórfica e autoerótica ao primado fálico nunca ser realizada de maneira completa. Jacques Lacan compreendeu isso muito bem ao afirmar: "As aspirações mais arcaicas da criança são, ao mesmo tempo, um ponto de partida e um núcleo nunca totalmente resolvido sob alguma forma de primado genital ou de pura e simples *Vorstellung* do homem sob a forma humana, tão total que supomos andrógena por fusão".[50] Ou seja, o primado fálico sempre é frágil e por isso deve ser continuamente defendido. Uma forma distinta de gozo tenderia a reascender tais "aspirações mais arcaicas". Nesse sentido, tudo se passa como se o bissexualismo inato fosse a maneira freudiana de se referir à ideia de que nunca se é "mulher", nunca se é "homem" sem perder a capacidade de se referir a algo que, mesmo marcado com o selo do arcaísmo, continuará insistindo no interior do desejo.[51]

---

[50] LACAN, Jacques. *Séminaire VII*. Paris: Seuil, 1986, p. 112.
[51] A esse respeito, ver BUTLER, Judith. "Freud and the melancholia of gender". *In*: *Gender trouble*. Nova York: Routledge, 1999. Butler tende a

Se aceitarmos esse ponto, plenamente compatível com a teoria freudiana, precisaremos dizer que *a verdadeira diferença sexual não é externa, mas interna à própria determinação de toda identidade sexual*. Isso quer dizer: reconhecer a diferença sexual não significa simplesmente reconhecer a existência de um outro modo de gozo *oposto* ao meu, e que por isso me exclui, mas reconhecer que no interior da minha própria identidade sexual habita uma outra forma de gozo. Outra forma que, como a voz do razão,: "fala baixo, mas nunca se cala". Um outro gozo (feminino) seria, assim, nada mais do que a recuperação do que foi perdido na constituição do primado fálico. Primado responsável pela organização global do que entendemos por "identidades sexuais" baseadas na diferença binária de sexos. Por isso, um outro gozo não seria um outro princípio identitário, mas *o que desarticula o caráter organizador da própria noção de identidade*.[52] Nesse sentido, talvez o verdadeiro problema relativo ao

---

ler essa perda a partir da submissão da catexis homossexual a um heterossexualismo culturalmente sancionado. Como deve estar claro, essa não é a via aqui apresentada.

[52] É por isso que psicanalistas como Jacques Lacan dirão que "a mulher não existe". Essa é uma maneira performática de afirmar que a noção de identidade sexual está fundamentalmente vinculada aos modos de assunção do primado fálico e do gozo fálico. Nesse sentido, só poderia mesmo haver identidade masculina, sendo "mulher" algo não muito distante de um homem fracassado. Ou ainda, uma identidade sexual que, por organizar-se a partir da referência ao primado fálico, está presa à reprodução normatizada daquilo que lhe serve de fundamento (a saber, a posição masculina). No entanto, se admitirmos que o reconhecimento da diferença sexual passa pela desarticulação da noção de identidade, isso através do reconhecimento de uma outra forma de gozo que habita todo

reconhecimento da diferença sexual esteja na dificuldade de reconhecer *a diferença que se manifesta no interior do processo de sexualização do corpo próprio* e que está presente em todo e qualquer sujeito. Veremos como o fetichismo talvez seja a tentativa mais astuciosa de negar essa potência de corrosão interna de toda identidade.

Antes de dar continuidade, notemos um ponto fundamental. Por essas vias, a experiência intelectual freudiana acaba por produzir uma ruptura com perspectivas evolucionistas lineares. No interior do processo de desenvolvimento e de maturação, o sujeito não deve apenas ultrapassar fases, mas também saber recuperar as aspirações do que ficou para trás em tais processos, internalizar (no sentido próprio do termo *Erinnerung*) o que permanece sob as marcas de um passado arruinado. Essa capacidade de ouvir a voz do que foi recalcado pelo progresso em direção à individuação é o que permitirá ao sujeito constituir relações não narcísicas a si e ao outro.

O que Leonardo da Vinci nunca esqueceu

Mas voltemos a esse conflito entre crença e percepção no reconhecimento da ausência de pênis na mulher. Se a simples percepção não basta para demover a crença, ela ga-

---

sujeito, então deveremos recusar a aproximação entre "inexistente" e "nada". Pois a inexistência da mulher é, na verdade, modo de insistir na necessidade de constituir uma outra forma social de relação ao campo do sexual não mais dependente da noção de "identidade".

nha retroativamente força quando a criança se vê diante de uma *ameaça de castração* proferida normalmente por um adulto (uma mulher, na maioria dos casos) devido a tentativas da criança de usar o pênis (em especial, com a mãe ou com alguém que a substitua em uma via associativa) ou mesmo devido a enurese. O enunciado proferido pelo adulto sob a forma de ameaça fornece uma inscrição simbólica da percepção, isso na medida em que a criança teme, através de uma operação transitiva, que aconteça com ela o mesmo que ocorreu com a mulher. Esse temor aparece como *angústia de castração*. Por isso, Freud falará da imagem da ausência de pênis na mulher como uma "representação *unheimliche,* insuportável". Essa angústia diante do insuportável, angústia que lembra a humilhação vinda da ameaça de castração, será, para o menino, o motor do modo de inscrição simbólica da diferença binária de sexo. Pois ela implicará ansiedade constante em relação à sua própria posição masculina e, por consequência, agressividade em relação ao feminino.

Nesse sentido, a sombra sempre presente de tal ameaça talvez explique esse vínculo, tão indissociável para nós, entre excitação erótica e estilização da hostilidade em relação ao outro.[53] Pois a ameaça de castração implica que a individuação só poderá se realizar como separação de gênero. Para o menino, isso implica recusar a feminilidade; para a menina, assumi-la esperando receber uma compensação simbólica. Mas como não há escolha de objeto sem uma certa identificação com o objeto, o erotismo será marcado

---

[53] Ver, principalmente, STOLLER, Robert, *op. cit.*

pela junção instável entre aproximação (identificação) e distanciamento (separação).

Freud reconhece, no entanto, que a teoria não pode permitir que todo o processo de maturação sexual dependa da empiricidade de uma ameaça raramente pronunciada. Por isso, afirma que *a ameaça de castração é*, principalmente, *uma fantasia* advinda do acervo filogenético da espécie (já que Freud admite ocorrências reais de castração nos tempos primitivos que teriam se conservado como herança filogenética). De fato, não é possível haver, no sentido forte do termo, sequer "percepção" da castração feminina, já que a simples ausência de pênis na mulher não é imediatamente sinônimo de castração, com todo o seu significado simbólico. Assim como a ameaça de castração, a crença na castração feminina também é uma fantasia. A criança só "percebe" a castração feminina, com todo seu significado simbólico, a partir do momento em que acredita na fantasia da universalidade de uma forma de gozo ligada à existência do pênis.

Esse é um dado importante porque funda, na dimensão fantasmática, a universalidade do processo de constituição de identidades sexuais em nossas sociedades. Ou seja, há uma estrutura sociossimbólica que, em um determinado momento da maturação sexual, atualiza-se sob a forma de fantasias. É na maneira de lidar com essa fantasia da ameaça de castração que o fetichismo aparecerá.

Nesse sentido, não haveria fetichismo feminino para Freud porque a menina, ao perceber o caráter diminuto de seu "pênis" (o clitóris), vê-se obrigada a aceitar uma castração já realizada. Ou seja, ela não precisa lidar com uma ameaça angustiante, mas com uma humilhação que produzirá principalmente a inveja do pênis (*Penisneid*), o que demonstraria sua impossibilidade de escapar do primado fálico. Seguem-se, então, três possibilidades: a simples cessação de toda vida sexual (frigidez), a "insistência insolente em sua masculinidade" (devido à sustentação do desejo inconsciente de ter um pênis — e aqui poderíamos pensar os casos de fetichismo feminino) ou o começo da feminilidade ao assumir a castração como função inibidora da masculinidade e, com isso, entrar no complexo de Édipo. O resultado de tal entrada será uma normalização social devido ao impulso de operar uma transposição pulsional que faria a menina passar do desejo de ter um pênis ao desejo de ter um filho (do pai). Essa transposição permitiria uma certa *compensação à assunção da feminilidade*.

É nesse contexto que devemos analisar o importante trecho sobre o fetichismo em *Uma lembrança de infância de Leonardo da Vinci*. O argumento central do texto consiste em explicar certos traços maiores da personalidade de Leonardo (seu homossexualismo latente, seu assexualismo manifesto devido à capacidade descomunal de sublimação, sua inibição na finalização de projetos) como consequência de seu modo de vínculo àquilo que Freud chama de "fantasia originária" (*Urphantasie*).

Aqui aparece uma tese importante referente ao funcionamento do aparelho psíquico. Fantasias originárias são fantasias infantis que se destacam das demais por terem função estruturadora no modo de desenvolvimento subjetivo e de maturação sexual. Freud chega a usar o termo "esquema" para se referir a elas. Nesse sentido, elas têm, ao mesmo tempo, função estrutural e posição originária. Normalmente ligadas a motivos de castração, concepção e nascimento, tais fantasias não são individuais, mas indicam uma recorrência filogenética socialmente partilhada.[54]

No caso de Leonardo, tal fantasia dizia respeito à mãe fálica, ou seja, à crença de que o órgão sexual masculino seria compatível com a figuração (*Darstellung*) da mãe. Criança ilegítima, Leonardo fora cuidado exclusivamente pela mãe durante seus primeiros anos. À sua maneira, essa fantasia era um suplemento à ausência do pai. Tal fantasia seria responsável pela "passividade feminina" e pelo afastamento da sexualidade próprios a Leonardo. Pois sentir-se objeto de amor de uma mãe fálica só seria possível através da assunção de uma posição feminina ou da inibição sexual.

Ao expor sua tese e insistir nos comportamentos derivados de tal fantasia, Freud volta à sua teoria da sexualidade infantil para falar da inversão (*umschlagen*) que ocorre à ocasião da internalização da ameaça de castração. Antes, a criança conhecia um intenso prazer de ver (*Schaulust*), assim como um desejo pelo pretenso pênis desse primeiro Outro com o qual ela se relaciona, a saber, a mãe. Com a "descoberta" da castração, esse prazer se inverte em aversão e pode provocar homossexualismo, impotência ou misoginia. A partir dessa "descoberta", a fantasia será distorcida

---

[54] Laplanche e Pontalis compreenderam isso ao afirmar: "Esse corpo estranho que será excluído a partir do interior é geralmente trazido para o sujeito não pela percepção de uma cena, mas pelo desejo parental e o fantasma que o suporta" (LAPLANCHE, Jean; PONTALIS, Jean-Bertrand. *Fantasme originaire, fantasmes d'origine, origines du fantasme*. Paris: Hachette, 1985, p. 55).

até ficar irreconhecível. Ela chegará à memória de Leonardo como a imagem de um gavião (Freud acreditava ser um abutre que entraria em uma via associativa com a mãe) pousando no berço do pintor ainda bebê e enfiando a cauda em sua boca.

No entanto, haveria um outro caminho para Leonardo. Se ele estivesse disposto a não abandonar sua fantasia do monismo fálico, mas a instrumentalizá-la, então a ameaça de castração poderia gerar, simplesmente, fetichismo. Pois o fetiche não seria outra coisa que *o símbolo substituto (Ersatzsymbol) do pênis feminino existente na dimensão da fantasia*. Dessa forma, Freud pode fornecer as bases da gênese do fetiche apelando a fatos da sexualidade infantil que se dariam nos primeiros anos de vida, justificando, assim, sua crítica a Binet, que aparecerá nas notas aos *Três ensaios sobre a teoria sexual,* relativa ao fato de ele reportar a origem do fetichismo a fatos posteriores ao quinto ano de vida da criança.

Tais considerações permitiram a Freud retornar a seu caso de fetichismo dos pés e de botas, em carta a Karl Abraham, a fim de fornecer uma explicação que não se encontrava na apresentação de 1909: os pés fetichizados seriam, na verdade, substitutos do pênis feminino ainda existente na dimensão da fantasia. Pelas vias da substituição, o sujeito conservava uma construção fantasmática que, mesmo assumindo o primado *fálico*, anulava as duas consequências principais dessa assunção: ele não submetia a sexualidade aos imperativos de reprodução e, principalmente, ele agia como se a diferença sexual não devesse ser levada a sério, como se fosse questão de sustentar uma certa *in*-diferença sexual originalmente suposta. In-diferença que, longe de ser uma *situação vivencial originária*, ligada à sexualidade pré-edípica anterior à inscrição da diferença binária de sexos, não era outra coisa que uma *fantasia originária* ligada à crença na universalidade do primado fálico. Assim, traços de uma economia libidinal arcaica conseguiam sobreviver no interior de um estágio que deveria negá-los. O sujeito conseguia, assim, *agir como se* não reconhecesse a diferença binária de sexo, mesmo em um estágio em que ele já sabia da existência de tal diferença. Esse era, no fundo, o paradoxo fundamental do fetichismo. Mas para entendê-lo melhor, e para melhor compreender também essa teoria do fetiche como substituto do pênis feminino, devemos nos voltar para o texto freudiano de 1927.

O TEXTO DE 1927

Quando Freud, de maneira "súbita", escreve seu pequeno texto sobre o fetichismo, as peças principais de sua teoria já estavam sintetizadas há mais de uma década. No entanto, esse longo intervalo indica que algo no tema parecia colocar certo tipo complexo de problema para a psicanálise. De fato, esse problema virá à tona através da elaboração mais sistemática da teoria do recalcamento parcial. Tal modo de recalcamento tipicamente fetichista será absorvido no interior de considerações sobre o que Freud chama de *Verleugnung*. O conceito de *Verleugnung*, no entanto, implicará uma espécie de revisão mais geral da teoria freudiana da mente, já que problematiza a defesa da centralidade dos mecanismos de recalcamento na constituição dos modos de relação entre instâncias psíquicas (Eu, Isso, Supereu). Tanto é assim que, 11 anos após o texto de 1927, Freud se verá obrigado a retornar ao assunto, reconhecendo estar em uma desorientação que o impedia de dizer se aquilo que ele tinha a apresentar era absolutamente inovador ou uma simples repetição. Como se o fundador da psicanálise estivesse em uma situação na qual o familiar e o estranho não eram mais claramente discerníveis. Uma posição, se quisermos usar um termo psicanalítico prenhe de consequências, *unheimliche*.

A fim de melhor compreender tais problemas, faz-se necessária uma leitura cuidadosa do texto de 1927. Logo em seguida, veremos como o texto sobre o fetichismo se articula estreitamente como esse outro, escrito 11 anos mais tarde, sobre a clivagem do Eu e os mecanismos de defesa.

Um brilho no nariz

O texto parte do estudo de um certo número de homens, analisados por Freud, e cuja escolha de objeto fora dominada por um fetiche. Trata-se de homens, diz Freud, que procuraram a análise não exatamente devido às escolhas fetichistas, já que essas raramente são sentidas como sintomas de sofrimento. Nesses casos, o fetichismo era apenas uma "descoberta lateral" (*Nebenbefund*) revelada pela análise, mas que o paciente recusava-se a incluí-lo no núcleo de suas demandas de cura.

Tal ausência de sofrimento psíquico no caso do fetichismo é figura privilegiada de um certo limite, imposto à análise, pela perversão. Grosso modo, sabemos que os dois dispositivos fundamentais da técnica analítica são: a interpretação e o manejo da transferência. O processo de interpretação foi pensado por Freud, em grande medida, a partir do modelo do desvelamento de conteúdos recalcados produzidos por conflitos entre instâncias psíquicas. De fato, há em Freud *uma relação profunda entre interpretação e recalque* advinda do fato de o método psicanalítico de interpretação nascer da generalização de operações elaboradas no tratamento da histeria. A esse respeito, lembremos como: "Um sintoma histérico só se origina quando duas realizações de desejos opostos (*gegensätzliche Wunscherfüllungen*), cada uma

74

tendo sua fonte em sistemas psíquicos diferentes, vêm concorrer em uma mesma expressão",[55] fazendo com que uma dessas realizações seja objeto de recalcamento. É esse conflito entre desejos opostos presentes em uma mesma expressão que gera sofrimento psíquico. Nesse sentido, a interpretação não pode ser outra coisa que uma "arqueologia do conflito", que visa inicialmente a expor a gênese e a natureza dessas oposições que fazem sofrer. Arqueologia que, por sua vez, baseia-se na ação de centrar a intervenção terapêutica na análise das resistências do paciente.

No entanto, como veremos, o fetichista é capaz de suspender tal conflito. Por isso, o fetiche não será visto pelo sujeito como sintoma de sofrimento, mas como uma solução engenhosa. Por outro lado, tal suspensão de conflitos psíquicos bloqueia a força terapêutica da interpretação, colocando questões profundas sobre o alcance do método analítico.[56]

Exatamente por não ter à sua disposição casos clínicos com históricos de cura, Freud não se propõe a escrever um texto sobre um conjunto de análises de casos. Assim, ele afirma não poder expor muitas reflexões sobre aspectos singulares referentes, por exemplo, à maneira com que circunstâncias acidentais determinam as escolhas fetichistas. Antes, o que podemos esperar é a descrição estrutural de

---

[55] FREUD, Sigmund, *op cit.*, v. II, p. 575.
[56] Alan Bass foi talvez o psicanalista que melhor viu isso, chegando mesmo a afirmar que: "A compreensão da interpretação em termos de recalque, interpretação de sentido, deve ser revisada" (BASS, Alain, *op. cit.*, p. 9).

uma certa economia de gozo, em que a anamnese dará lugar a uma "solução geral" para o problema do fetiche.

O único fragmento clínico apresentado é o de um jovem cuja condição fetichista estaria ligada a um "brilho no nariz" (*Glanz auf der Nase*) que a mulher necessariamente deveria portar para ser elevada à condição de objeto do desejo. Freud afirma que a gênese de tal construção estaria ligada ao destino de uma primeira língua materna esquecida. O paciente tivera, antes de ir para Alemanha, uma educação inglesa. É da língua inglesa libidinalmente investida que vem o verdadeiro significante de sua condição fetichista. Em sua construção fetichista, não se tratava de *Glanz,* mas de *glance* (olhar), termo que havia sido recalcado graças a uma operação de substituição entre significantes. Assim, abaixo da proposição "um brilho no nariz" encontrávamos a proposição "um olhar dirigido para o nariz".

Essa substituição era importante por demonstrar como uma propriedade de objeto (o brilho) não passava da reificação da ação produzida pelo olhar desejante do sujeito. No fundo, estávamos próximos de um mecanismo projetivo em que a disposição subjetiva interior ganhava a forma da percepção de um objeto exterior. Mas Freud insistia em distinguir a peculiaridade da posição subjetiva fetichista do desconhecimento normalmente pressuposto pela projeção, com sua ligação rígida entre desejo interior e percepção exterior. Da mesma forma, a operação fetichista não poderia ser confundida com a alucinação psicótica. Nesse sentido, devemos lembrar como Freud diz que seu paciente "empresta" (*verleihen*) um brilho particular ao nariz da amada, brilho esse que ele bem sabe ser impossível aos outros perceberem.

"Emprestar" é um termo extremamente sugestivo por indicar um ato consciente de atribuição que pode ser suspenso, atribuição cuja existência e permanência dependem da boa vontade de quem atribui. Aqui, tocamos um ponto essencial a respeito do fetichismo. A operação fetichista concerne não apenas ao gozo dependente do investimento libidinal em uma parte do corpo (no caso, o nariz) reduzida à condição de suporte de um traço atributivo (o brilho). Ela concerne também ao modo pelo qual o objeto é elevado à condição de objeto do desejo.

Normalmente, um objeto é elevado à condição de objeto do desejo quando entra em um via associativa que o permite vincular-se a fantasias inconscientes construídas a partir das primeiras experiências infantis de satisfação. Um neurótico normalmente recalca o que é da ordem da fantasia e, com isso, recalca também o processo de produção dos objetos capazes de causarem seu desejo. Ele deve recalcá-la devido ao caráter ambivalente próprio à fantasia, caráter que desarticula distinções entre afeto e hostilidade, entre prazer e desprazer, que são importantes para os modos de orientação da conduta e do julgamento. A incerteza em relação ao objeto do desejo, tão característica das neuroses histérica e obsessiva, é em larga medida impulsionada por esse modo de relação à fantasia marcada pelo recalque.

No entanto, no caso do fetichismo, algo de substancialmente diferente ocorre. Como a fantasia não é objeto de uma operação de recalcamento, mas é claramente assumida através do ato de "emprestar" atributos a objetos a fim de conformá-los a estruturas fantasmáticas, temos uma posição subjetiva não mais caracterizada pelo *desconhecimento*.

Pois o sujeito tem claramente ciência da "fabricação" que ele impõe ao objeto; ou seja, de uma forma paradoxal, trata-se de uma reificação que se revela enquanto tal. Tanto é assim que o fetichista conhece bem o caráter intercambiável e substituível dos objetos de seu desejo, pois sua fixação não é ao objeto, mas ao traço atributivo que ele porta e a respeito do qual ele sabe muito bem não ser um atributo *do objeto*. Assim, devemos lembrar que ele não está *encantado* pelo objeto, ao menos no sentido de ele supostamente crer vir do objeto alguma "força" que o atrairia de maneira irresistível. Antes, ele sabe que o objeto é apenas a ocasião para a atualização de um traço fantasmático.[57]

Aqui vale a pena apresentar algumas considerações a respeito de um certo "fantasma humanista" que assombra várias considerações clínicas a respeito da perversão. Muitas vezes a crítica à perversão em geral e ao fetichismo em particular é animada pela afirmação de não haver lugar para o outro no desejo fetichista, já que o outro não passaria da ocasião para a encarnação da fantasia fetichista, para a violência que consiste em "desumanizá-lo", em reduzi-lo à condição de mero objeto. Essa violência seria expressão

---

[57] "O fetichista não é louco: ele sabe muito bem que esse brilho [no nariz] não existe (da mesma forma que outro fetichista aceitará, sem dificuldades e com um certo desprezo por sua questão, que um sapato é um sapato e que um tapa-sexo é um tapa-sexo), ele apenas conserva, *a despeito disso,* o poder de atribuir o brilho ao nariz de sua escolha. A alucinação em questão no campo da perversão é uma pura operação de linguagem que consiste, poderíamos dizer de maneira simples, em uma *atribuição forçada*" (REY-FLAUD, Henri. *Comment Freud inventa le fétichisme... et réinventa la psychanalyse.* Paris: Payot, 1994, p. 300).

do desejo de vingança contra uma humilhação traumática (como a ameaça de castração, ou mesmo algum abuso sexual) sofrida na infância e produzida por alguém ligado por vias associativas ao outro presente no cenário perverso. Assim, por exemplo, o masoquista que foi humilhado na sua rivalidade imaginária com o pai (ou que sentiu como ameaça à sua masculinidade o desejo de estar em uma posição passiva diante do pai) repete essa humilhação diante de uma mulher, não para simplesmente humilhar-se diante dela, mas para humilhar aquilo que, nele, assemelha-se ao pai.[58] No entanto, para que a mulher possa desempenhar tal papel, ela deveria passar pela violência de não ser outra coisa que um mero suporte para o cenário fantasmático que o masoquista constrói pacientemente e de maneira extremamente ritualizada. Nesse sentido, recuperar a relação com o outro seria o objetivo de todo tratamento clínico da perversão.

É verdade, como dizia Karl Kraus, que "não há nada mais infeliz sob o Sol do que um fetichista que sente saudades de um sapato de mulher e tem que se contentar com uma mulher completa". Mas poderíamos dizer que o fetichista não ama exatamente um sapato. Ele ama o trabalho perverso de transfigurar a mulher em parte destacada de seu corpo ou em objetos que ela porta. Pois o fetiche não é simplesmente a imagem de uma "parte que se substitui ao todo". Melhor seria afirmar que ele é *a imagem do processo de dissolução* do todo em uma de suas partes ou, se quisermos,

---

[58] Esse é um esquema que encontramos em DELEUZE, Gilles. *Présentation de Sacher Masoch*. Paris: Minuit, 1967.

imagem do processo de objetificação do sujeito. Por isso, na perversão, é importante que uma certa relação intersubjetiva esteja inicialmente pressuposta para ser, em um segundo momento, pervertida. O gozo sádico, por exemplo, pressupõe que o outro apresente o desejo angustiante e conflitual de se ver reduzindo-se à condição de objeto. O sádico goza desse processo temporal, desse *movimento de passagem* do sujeito no objeto, e não apenas do outro totalmente reduzido à condição de objeto. Essa distinção é importante por nos lembrar como a perversão é uma espécie de intersubjetividade posta que é, ao mesmo tempo, *intersubjetividade negada*. Tal fato foi muito claramente compreendido por Lacan ao afirmar que a perversão é um modo de relação em estado perpétuo de báscula entre afirmação e negação da intersubjetividade.[59] Nesse sentido, não é totalmente correto dizer que o perverso exclui o reconhecimento do desejo do outro. O que nos abre à questão de saber qual seria então o fundamento de uma crítica psicanalítica à perversão.

---

[59] "Não há uma só forma de manifestação perversa cuja própria estrutura, a cada momento de sua vivência, não seja sustentada pela relação intersubjetiva (...) A relação sádica só se sustenta na medida em que o outro está em um limite no qual ele ainda resta sujeito (...) Não é verdade que a maioria das manifestações sádicas, longe de ir ao extremo, permanece à porta da execução?" (LACAN, Jacques. *Séminaire I*. Paris: Seuil, 1975, pp. 239-240). Por isso, Lacan poderá dizer que o desejo perverso suporta-se no ideal de um objeto inanimado, mas não pode contentar-se com a realização desse ideal.

Do recalcamento parcial à *Verleugnung*

Dito isso, podemos compreender melhor a peculiaridade daquilo que Freud chama de "solução geral" da operação fetichista. A esse respeito, Freud começa afirmando que o fetichismo seria, basicamente, *um procedimento de substituição,* em que um objeto entra no lugar de outro. O objeto substituído, como sabemos desde 1911, é um pênis que tinha grande significação para o sujeito em sua primeira infância, a saber, o pênis materno em cuja existência a criança acreditou e à qual nunca renunciou completamente. Novamente, encontramos Freud a afirmar que o fetiche é um mecanismo de defesa contra a experiência da castração. Como já sabemos, a criança recusa-se a tomar conhecimento da percepção de que a mulher não tem pênis porque, através de um raciocínio transitivo, conclui que, se a mulher é castrada, então há uma ameaça a respeito da integridade narcísica de seu corpo libidinal. Daí porque Freud dirá que, contra o reconhecimento da castração feminina, a criança eriça (*sträuben*) uma parte de seu narcisismo.

Freud utiliza palavras bastante sugestivas para falar dos afetos que tomam a criança quando confrontada com tal castração: "horror" (*Abscheu*), "pânico" (*Panik*). Ele chegará mesmo a dizer que, para a criança, esse pânico equivale ao do adulto que grita: "O trono e o altar estão em perigo." Ou seja, aquilo que serve de fundamento ao meu sistema de crenças estaria se erodindo. Tal como na noção antropológica de fetichismo, estamos diante de um mecanismo de defesa contra uma situação capaz de provocar medo e sentimento de desamparo. Mas agora se trata do horror da castração, e não mais horror diante do caráter incontrolável e imprevisível da natureza. De qualquer forma, nos dois casos o medo advém daquilo que, de uma certa forma, ameaça a integridade narcísica do indivíduo.

É essa natureza da ameaça que eleva a experiência da castração à condição de *evento traumático*. Com isso, percebemos que, em Freud, a ameaça de castração se vincula a três temas maiores: a) a dissolução da integridade narcísica do indivíduo; b) a consequente confrontação com o caráter polimórfico e refratário à unificação da sexualidade autoerótica; c) a submissão forçada à passividade da posição feminina. Precisaremos compreender como o fetichismo reporta-se a cada um desses aspectos.

Se voltarmos ao texto freudiano, veremos o psicanalista procurando descrever o mecanismo fetichista de negação da castração em sua especificidade. Para tanto, ele se vê obrigado a distingui-lo de outros modos de negação psíquica de uma percepção indesejada. Modos hegemônicos na psicose e na neurose.

No caso da psicose, Freud traz um termo cunhado pelo psicanalista francês René Laforgue a fim de dar conta de fenômenos próprios à demência precoce: *escotomização*. Laforgue descreve o termo como uma anulação completa da percepção indesejada.[60] No entanto, diz Freud, esse proces-

---

[60] O termo "escotoma" (do grego *scotoma*, escuridão) indica uma região do campo visual que apresenta perda total ou parcial da acuidade visual. Laforgue, com o psicanalista Edouard Pichon, produz o neologismo para dar conta de um processo próprio à psicose. É aqui que devemos procurar a verdadeira fonte da noção lacaniana de "forclusão".

so não poderia confundir-se com a negação em operação no fetichismo porque aqui temos um duplo movimento no qual a percepção indesejada, ao mesmo tempo, é aceita e negada.

Já no caso da neurose, Freud apoia-se em suas considerações precedentes sobre a estrutura do recalcamento parcial a fim de evidenciar a distinção entre a operação fetichista e o modelo de recalcamento hegemônico na neurose. Pois, em vez do procedimento neurótico no qual a representação mental indesejada é recalcada, enquanto o afeto é completamente reprimido, transformado em afeto qualitivamente distinto ou convertido em angústia, encontramos no fetichismo algo diferente. Nele, o afeto é recalcado, isso enquanto o complexo representativo é clivado, sendo apenas uma parte recalcada e outra idealizada. Vimos isso com o exemplo do fetichismo dos pés no caso de 1909, mas agora sabemos que há uma operação anterior. Pois, para elevar-se à condição de fetiche passando por um recalcamento parcial, o complexo representativo deve inicialmente ser capaz de substituir um objeto *inexistente,* a saber, o pênis feminino. No entanto, só posso substituir algo inexistente se eu for capaz de desmentir sua inexistência. É para viabilizar tal operação que encontramos aquilo que Freud chama de *Verleugnung.*

A fim de compreender esse ponto, entendamos melhor o que exatamente Freud chama de *Verleugnung.* Normalmente, o termo é traduzido em português por "desmentido" devido, principalmente, à sua proximidade com palavras alemãs como *Lüge* (mentira) e *ableugnen* (desautorizar). A especificidade dessa forma perversa de negação vem do fato de ela, contrariamente ao recalcamento neurótico ou à negação psicótica, não ser solidária de alguma forma de "não saber". Não se trata aqui de recalcar ou de expulsar o saber sobre a castração e sobre o vazio de objeto que ela impõe. Estamos diante de um movimento duplo no qual saber e não saber podem existir conjuntamente. Como dirá Freud, desmentir uma representação mental consiste em, ao mesmo tempo, conservá-la (*bewahren*) e abandoná-la (*aufgeben*). Assim, em vez do saber marcado pelo esquecimento próprio ao recalcamento, a *Verleugnung* será uma contradição posta que é, ao mesmo tempo, contradição resolvida. Dois julgamentos contraditórios estarão presentes no Eu, mas sem que o resultado de tal contradição seja um nada. Haverá, na verdade, produção de um objeto a partir de determinações contraditórias. Insistamos nesse ponto, pois estamos acostumados a dizer que duas proposições contraditórias produzem um objeto "impossível", no sentido de "não pensável". O fetichismo nos ensina, no entanto, como podemos construir um objeto que é uma contradição encarnada.

A trajetória da *Verleugnung* no texto freudiano é complexa, pois o termo é utilizado tanto para descrever a negação psicótica da realidade quanto para a negação da castração da mulher. Por exemplo, em *A perda da realidade na neurose e na psicose,* de 1924, Freud dirá: "A neurose não desmente a realidade, ela só quer nada saber; a psicose a desmente e procura substituí-la".[61] Mas Freud é o primeiro a "arrepender-se de ter ousado ir tão longe". Há casos nos quais uma *representação* da realidade é desmentida e, no

―――――――――
[61] FREUD, Sigmund, *op. cit.*, v. XIII, p. 364-365.

entanto, não temos psicose.[62] O que pode nos explicar por que encontramos nos textos ulteriores de Freud a tendência a restringir o uso da *Verleugnung* a uma operação específica: a relação à castração da mulher.

Retornemos à lógica do fetichismo, a fim de melhor compreender a estrutura da *Verleugnung*. Sabemos não se tratar simplesmente de expulsar ou de recalcar a castração. Notemos que o fetichista tem um *saber sobre a castração*. Ele *sabe atualmente* que a mulher é castrada. Nesse sentido, contrariamente à psicose, que anularia completamente a percepção indesejada, há uma primeira simbolização (Freud fala em "afirmação" — *Bejahung*) da castração. Como dirá Freud:

> Não é exato dizer que a criança, após sua observação da mulher, tenha salvado sem modificações sua crença (*Glauben*) no falo da mulher. Ele a conservou, mas igualmente a abandonou; no conflito entre o peso da percepção não desejada e a força do desejo oposto (*Gegenwunsch*), ele encontrou um compromisso.[63]

O mesmo objeto pode então negar a experiência da castração, funcionando como um substituto do pênis ausente da mulher, e afirmar o que ele nega. Freud é claro a respeito da ideia de que o fetiche seria uma contradição en-

---

[62] Sobre tal maneira de definir a psicose através do desmentido de uma realidade cujo estatuto é problemático na obra freudiana, ver, por exemplo, RABANT, Claude. *Inventer le réel: le déni entre psychose et perversion.* Paris: Denöel, 1992, pp. 277-279.

[63] FREUD, Sigmund, *op. cit.*, v. XIV, p. 313.

carnada, já que ele "concilia duas afirmações incompatíveis: a mulher conservou seu pênis e o pai castrou a mulher".[64] Por outro lado, notemos como Freud pensa o problema do fetichismo em termos de crença. Trata-se de saber como é possível sustentar crenças que entram em conflito com percepções indesejadas, ou, ainda, como anular conflitos entre "a exigência das pulsões e a objeção da realidade".

Mas qual é o processo que permite ao fetichista conciliar duas afirmações aparentemente tão incompatíveis? Em 1938, Freud falará de um deslocamento de valor (*Wertverschiebung*) que transfere o significado do pênis (*Penisbedeutung*) a uma outra parte do corpo ou a um objeto (meias sete oitavos, peles etc.).[65] Se quisermos ser mais precisos, devemos dizer que se trata de uma transferência de significado em direção a um traço atributivo idealizado.

Peguemos um exemplo de fetiche lembrado várias vezes por Freud: o fetiche por cabelos. Freud afirma que o complexo representativo é formado pelo par cabelo/odor. No entanto, através da idealização, o odor dos cabelos como objeto pulsional ligado ao prazer olfativo é recalcado, assim como o próprio prazer olfativo é reprimido. Dessa forma, o cabelo idealizado pode reduzir-se à condição de traço e receber, pela via associativa, a significação do pênis feminino. Notemos que dessa forma ocorre uma troca prenhe de consequências. A parte idealizada do complexo representativo não se vincula mais a objetos de pulsões parciais (já que o odor forte dos cabelos remeteria ao objeto anal), embora

---

[64] *Idem, op. cit.*, v. XIV, p. 313.
[65] *Idem, op. cit.*, v. XVII, p. 61.

tenha inicialmente se apoiado neles. Ela se vincula a uma construção fantasmática responsável por preservar a crença no monismo fálico.

Se nos perguntarem sobre o verdadeiro significado do pênis, moeda de troca na operação fetichista, diremos então que ele consiste na elevação de uma parte do corpo a zona erógena privilegiada e totalizante, recusando assim a economia polimórfica e desordenada das pulsões parciais. É esse caráter totalizante e sem falhas que será transferido ao fetiche por cabelos, fazendo com que um objeto que parecia reforçar a lembrança de uma sexualidade não totalmente submetida à função e à unidade acabe por ser uma forma astuta de afirmar o primado fálico. *Esse é o processo completo da operação fetichista*. Nesse sentido, a substituição do falo materno não tem nada a ver com uma operação imaginária de substituição por algum objeto que guardaria traços visuais "fálicos". Ela diz respeito à *modificação funcional* de objetos anteriormente vinculados, por vias associativas, às pulsões parciais.

Mas para que tal significado do falo seja conservado, o sujeito deve poder agir *como se* não acreditasse na castração feminina. E a melhor maneira de sustentar uma crença é não colocando-a em confrontação com o que Freud chama de "objeção da realidade". Por isso, o fetiche como objeto substituto (*Ersatz*) deve ser posto como *sendo apenas um substituto* que, devido ao seu caráter claramente fabricado, não esconde sua natureza de artifício. Daí a necessidade de evidenciar a *operação* de substituição.

No fundo, essa estratégia é uma surpreendente *negação da negação*. O sujeito nega a castração através do deslocamento de valor e da produção de um objeto fetiche, mas, ao mesmo tempo, ele nega essa negação ao apresentar o fetiche como *um simples substituto* que não esconde para o sujeito a ausência daquilo que ele substitui. Devido ao seu estatuto peculiar, o fetiche não pode ser visto como uma representação, já que ele não é apenas presença da ausência de seu referente (o pênis feminino). No entanto, ele também não é uma apresentação de seu referente, já que não é presença imediata da coisa.[66]

Esse estatuto peculiar leva Freud a rever uma ideia posta no texto sobre Leonardo da Vinci e afirmar que o fetiche não pode ser compreendido como um símbolo. Sua relação com o pênis feminino é mais próxima daquilo que vemos no bloqueio da recordação (*Erinnerung*) na amnésia traumática. Freud se refere aqui à estrutura das *lembranças encobridoras*. Trata-se de imagens rememoradas que aparecem em substituição a imagens fortemente investidas libidinalmente. Normalmente, a primeira imagem é desafetada e tem, para com a imagem substituída, uma relação de contiguidade metonímica. Por exemplo, lembro-me de um belo campo de lírios em minha infância, mas essa lembrança encobre a recordação de que ali vi, pela primeira vez, duas pessoas beijando-se calorosamente. Nesse processo, encontramos, tal como no fetiche, um recalque de afetos e uma substituição produzida por vias associativas. A diferença é que, contrariamente ao fetiche, o processo de produção do

---

[66] Em *Cinismo e falência da crítica* (Boitempo, 2008), procurei sugerir que o estatuto do fetiche deveria ser procurado em noções como "simulacro" e "semblante".

substituto não está presente na consciência do sujeito, já que ele é incapaz de dele lembrar-se.

Em direção à clivagem do Eu

Para compreendermos melhor esse paradoxo próprio do fetiche, devemos entender como ele pressupõe uma operação central na teoria freudiana da mente, a saber, a clivagem do Eu. Embora ela seja apresentada no texto de 1927, seu desenvolvimento mais amplo deverá esperar até 1938.

No texto de 1927, após fazer tais considerações a respeito da estrutura do fetiche, Freud afirma estar em condições de lançar luzes a respeito da distinção entre neurose e psicose. Em outros momentos, Freud havia dito que, na neurose, o Eu, a serviço do princípio de realidade, reprime (*unterdrückt*) uma parte do Isso. Essa é outra maneira de dizer que a inteligibilidade da neurose está vinculada à compreensão dos processos de repressão das moções pulsionais graças à implementação do sentimento de culpa. Já na psicose, o Eu se deixaria arrastar pelo Isso desvinculando-se (*sich lösen*) de uma parte da realidade (*Realität*). Isso significaria, por sua vez, que a inteligibilidade da psicose depende da compreensão da maneira com que o Eu expulsa para fora de si, "escotomiza", o registro simbólico de uma realidade desprazeirosa.

No entanto, o fenômeno do fetichismo exige uma clarificação a respeito do que Freud entende, nesse contexto, por "desvincular-se". Pois o Eu pode desvincular-se da percepção indesejável de uma parte da realidade sem que isso implique psicose. A esse respeito, Freud fala do caso de duas crianças que teriam desmentido a morte do pai, isso a ponto de elas não tomarem conhecimento do fato (*nicht zur Kenntnis genommen*). No entanto, não se tratava de um caso de psicose. O que ocorreu foi uma clivagem, estruturalmente semelhante ao que vimos no fetichismo, na qual apenas uma corrente de vida anímica não reconhecia a morte do pai. Dessa forma, desejo [de não reconhecer a morte do pai] e percepção da realidade desprazeirosa posicionavam-se "um ao lado do outro" (*nebeneinander*) no Eu. No caso de uma das crianças, isso implicou uma neurose obsessiva em que todo julgamento referente a situações da vida oscilava, de maneira conflitual, entre duas proposições contraditórias: "O pai está vivo, impedindo-me de fazer o que quero" e "O pai não está vivo, o que me permite agir como seu sucessor". Algo muito próximo a essa "estrutura de indecidibilidade" própria de um dos mais conhecidos mecanismos neuróticos de defesa: a anulação. Mecanismo que impõe ao sujeito o movimento incessante de fazer algo para em seguida desfazer o que foi feito.

Isso levou Freud, por um lado, a tentar diferenciar a psicose, afirmando que, nesses casos, a corrente anímica ligada à percepção da realidade simplesmente desaparece (*vermisst*) do Eu. Mas, no entanto, ficava uma questão relativa à distinção entre neurose e perversão. Pois se um fenômeno de *Verleugnung* podia estar na base de uma neurose obsessiva, onde estaria a distinção estrutural entre perversão e neurose? Seria o fetichismo um fenômeno entre a neurose e a perversão?

Antes de responder essas perguntas, notemos ainda uma elaboração final do texto de 1927. Freud afirma que a clivagem do Eu própria do fetichismo pode aparecer também como clivagem no interior do próprio objeto-fetiche. A esse respeito, Freud traz o exemplo de um homem cujo fetiche era um tapa-sexo que ele usava como calção de banho. Não é desprovido de interesse o fato de o fetiche referir-se aqui a uma vestimenta que o próprio sujeito utiliza. A princípio, poderíamos acreditar tratar-se de um caso de travestismo, mas, ao descrever a estrutura de funcionamento do objeto, Freud descarta essa possibilidade.

A peça de vestimenta feminina escondia os órgãos genitais e, com isso, a realidade anatômica da diferença de sexo. Assim, ela permitia ao sujeito articular, no campo da fantasia, ao mesmo tempo, duas proposições contraditórias. Como homem utilizando uma *peça feminina*, ele podia simular a castração masculina. No entanto, a proximidade do tapa-sexo ao calção de banho embaralhava o caráter feminino do vestuário. Por outro lado, como peça feminina que podia ser vestida *por um homem,* o fetichista alimentava a fantasia de que aquilo normalmente escondido pelo tapa-sexo seria o pênis feminino, negando assim a castração feminina. Com isso, abria-se um espaço de in-diferença sexual patrocinada pelo primado fálico.

Essa clivagem podia ser também uma clivagem dos afetos dirigidos ao fetiche, entre ternura e hostilidade. Esse tema clássico do conceito antropológico de fetiche é recuperado por Freud a fim de descrever a ambivalência de afetos em jogo no reconhecimento e no desmentido da castração. A esse respeito, Freud cita um caso famoso à época envolvendo um perverso cortador de tranças de garotas. Como substitutas do pênis feminino, as tranças seriam uma forma de desmentir a castração. Mas o ato de cortá-las realiza uma castração que o próprio fetichista não reconheceu ao operar a substituição. Freud diz que essa seria uma maneira de conciliar duas proposições contrárias: a mulher conservou seu pênis e o pai castrou a mulher.

Se voltarmos, agora, aos três temas próprios da angústia de castração (defesa contra a ruptura da integridade narcísica, contra a feminilidade e contra a alteridade pressuposta pela sexualidade pré-narcísica), poderemos compreender melhor a função do fetiche. Ele aparece como mecanismo de defesa contra a passividade da posição feminina ao romper tal associação entre passividade e feminilidade, pondo-se como um suplemento fantasmático ao pênis feminino. Dessa forma, o fetiche é uma maneira astuta de sustentar tanto a crença na fantasia do monismo fálico quanto a humilhação própria da posição feminina. Para o fetichista, uma mulher só é desejável quando ela se deixa submeter seu modo de gozo ao primado fálico, aceitando transformar-se em puro suporte de um traço atributivo para o qual convergiu a significação do pênis. Dessa forma, o fetichista sabe bem que há a diferença binária de sexo, mas ele age como se não soubesse. Mas como o fetiche pode ser um modo de defesa contra a ruptura da integridade narcísica se ele pressupõe uma clivagem no Eu? E como sistematizar o sentido dessa função de defesa contra a alteridade pressuposta pela sexualidade pré-narcisca? Para analisar esses dois pontos, devemos nos voltar para o ano de 1938.

A CLIVAGEM DO EU E SEUS DESCONTENTES

"A clivagem do Eu e os mecanismos de defesa" é um dos últimos textos que Freud tentou escrever. Sua morte o deixou incompleto. A importância desse pequeno texto, no entanto, não se resume a tal aspecto anedótico. Nele, Freud procurava desenvolver as consequências do fetichismo para uma teoria metapsicológica do aparelho psíquico. Onze anos depois do texto de 1927, Freud retomava questões que haviam ficado em aberto, mas agora para elevar a operação de desmentido a uma forma peculiar de organização psíquica necessariamente pressuposta pelo processo de formação do Eu. Após analisarmos esse ponto, poderemos retornar à comparação com as pressuposições presentes nos usos iniciais do conceito de fetichismo na teoria da cultura. Isso nos permitirá medir, de maneira mais clara, a transformação pela qual o conceito passou a partir de sua inflexão freudiana. De operador de distinção entre sociedades "primitivas" e formas de vida submetidas a princípios modernos de racionalização e desencantamento, o conceito passará a servir para designar uma estranha forma de encantamento presente no coração de nossas sociedades.

Uma teoria do desmentido generalizado

O Eu da criança encontra-se, pois, a serviço de uma potente exigência pulsional que ela está acostumada a satisfazer. De repente, a criança assusta-se com uma vivência (*Erlebnis*) que lhe ensina que, caso continue tal satisfação, seguir-se-á um perigo real dificilmente suportável. Ela deve então decidir-se: reconhecer o perigo real, dobrar-se a ele e renunciar à satisfação pulsional ou desmentir a realidade, levar-se a crer que não há razão alguma para temer, isso a fim de poder manter a satisfação. Esse é, pois, um conflito entre as exigências pulsionais e a objeção vinda da realidade. A criança, no entanto, não faz nem uma coisa nem outra, ou melhor, faz ambas. Ela responde ao conflito com duas reações opostas, ambas válidas e eficazes.[67]

Não é difícil perceber como Freud repete aqui o tipo de situação que encontramos no texto de 1927. Diante do perigo real angustiante advindo de uma vivência que coloca profundamente em questão o modo de gozo defendido pelo Eu, a criança encontra um compromisso que consiste em, ao mesmo tempo, recusar e reconhecer o que a angustia. Entre a função de representante do princípio de realidade e o fato de ser "um pedaço de Libido" (*ein Stück von Libido*) submetido às exigências pulsionais do Isso, o Eu acaba então por clivar-se. Sua função de unidade sintética deixa de aparecer como um princípio imediatamente assegurado.

---

[67] FREUD, Sigmund, *op. cit.,* v. XVII, p. 59.

Notemos que não se trata de uma clivagem do psiquismo em várias instâncias, fato que necessariamente ocorre quando é questão do recalcamento de representações mentais que são expulsas da consciência para alojar-se na *Outra cena* do inconsciente. O que temos, ao contrário, é a clivagem *no interior de uma instância psíquica*: o Eu. A esse respeito, lembremos algumas elaborações de certos pós-freudianos a respeito do fetichista: "Parece-me estarmos diante de um sujeito", dirá, por exemplo, Jacques Lacan, "que nos mostra, com uma rapidez excessiva, sua própria imagem em dois espelhos diferentes".[68] Metáfora bastante sugestiva por lembrar como se trata de sustentar, ao mesmo tempo, duas representações distintas de si que impõem dois modos divergentes de organização que quebram a unidade imaginária do Eu. Por isso, mesmo que Freud admita ser a clivagem psíquica um dado facilmente encontrável em neuroses e psicoses, ele precisa constantemente insistir na diferença qualitativa de uma clivagem entre instâncias e de uma clivagem no Eu.

No entanto, notemos que essa clivagem produzida pelo desmentido não deve ser confundida com alguma forma de transtorno dissociativo da personalidade, com suas perturbações em funções integradas de consciência, memória, identidade ou percepção do ambiente. Antes, a clivagem a que Freud se refere é uma forma muito particular de suspensão de conflitos psíquicos. A esse respeito, lembremos como, devido à fraqueza da capacidade de síntese do Eu da criança, algumas experiências prenhes de

---

[68] LACAN, Jacques. *Séminaire IV*, Paris: Seuil, 1992, p. 86.

ambivalência são conservadas com as marcas das reações contraditórias que elas produziram. Como não poderia deixar de ser, a experiência paradigmática aqui é o reconhecimento traumático da castração feminina nos momentos iniciais de investigação infantil a respeito da sexualidade. No entanto, Freud parece agora indicar claramente que existiria "uma *Verleugnung* que poderia ser qualificada de 'normal'. Essa operação é simplesmente aquela que permite que toda criança comece a enfrentar a descoberta da castração".[69]

É verdade que Freud dissera, em "Algumas consequências psíquicas da diferença anatômica entre os sexos" (1925), que o desmentido era uma operação frequente e normal na vida mental da criança, embora, no caso do adulto, ela pudesse levar à psicose. Como se houvesse uma operação normal de desmentido na infância que progressivamente deveria dar lugar a outras formas de síntese psíquica, isso se não quiséssemos correr o risco de caminhar em direção a transtornos dissociativos graves. No entanto, o recurso constante ao desmentido pela criança trará consequências intransponíveis para a compreensão do Eu como unidade sintética de representações. Pois o desmentido só pode ser uma operação corrente se o Eu infantil for um conjunto heteróclito de predisposições contraditórias de conduta que, apenas devido a pressões presentes no interior do processo de socialização, irá aos poucos se conformar à imagem de uma organização mais unificada, constituindo, assim, o que poderíamos

---

[69] LEBRUN, Jean-Pierre. *A perversão comum*. Rio de Janeiro: Companhia de Freud, 2008, p. 256.

chamar de "personalidade coerente". Devido a necessidades de desempenhar certas funções sociais e devido à frustração com certos modos de procura de satisfação pulsional, o Eu seria obrigado a abandonar o uso recorrente do desmentido como modo de síntese psíquica.

Mas devemos aqui levantar a questão sobre o que leva o desmentido a aparecer como operação frequente na vida mental da criança. Isso nos permitirá identificar quais as condições para que ela realmente possa ser ultrapassada de maneira satisfatória.

A esse respeito, lembremos como estamos acostumados a ver, na unidade funcional do Eu, o fundamento para a constituição dessa coerência nas condutas e nos julgamentos a que damos simplesmente o nome de "personalidade". Tal unidade funcional asseguraria os sujeitos no solo estável da *autoidentidade,* capaz não apenas de garantir que todas minhas representações mentais possam, de fato, ser reconhecidas como *minhas,* mas também de fundar o desenvolvimento psicológico em um movimento em que cada momento singular parece ser o desdobrar necessário das potencialidades de uma mesma identidade. Ou seja, o Eu aparece não apenas como uma unidade sintética de representações, mas também como algo parecido a uma unidade temporal de desenvolvimento que garante a perenidade dos vetores de uma história pessoal.

Contra isso, devemos insistir, no entanto, que o conceito psicanalítico de Eu revela dependências profundas entre as noções de autoidentidade e de corporeidade. Não é possível pensar o Eu sem pensá-lo em sua relação com o corpo próprio. Freud deixará esse ponto bastante claro ao

acrescentar a seguinte nota à edição inglesa de *O Eu e o isso*:
"O Eu é finalmente derivado das sensações corporais, principalmente dessas que têm sua fonte na superfície do corpo. Ele pode, assim, ser considerado como uma projeção mental da superfície do corpo".[70] As consequências dessa associação serão decisivas.

Lembremos a esse respeito como, nos primeiros meses de vida de uma criança, não há nada parecido a um Eu com suas funções de individualização e de síntese da experiência. Não sendo uma unidade dada desde a origem, o Eu deve constituir-se por meio de um processo complexo de unificação da multiplicidade de sensações corporais em uma imagem unificada do corpo próprio. Tanto é assim que distúrbios na imagem mental do corpo, com seu esquematismo próprio, são imediatamente vivenciados como processos de dissolução da identidade de si.

Em uma perspectiva psicanalítica, essa formação do Eu através da constituição da imagem do corpo próprio é, no entanto, indissociável do processo de maturação sexual. Pois é apenas por meio da submissão das pulsões parciais ao primado fálico (e posteriormente ao primado genital) que as sensações corporais, com suas experiências de prazer e desprazer, poderão organizar-se em uma hierarquia funcional e com finalidade determinada. O bebê vive em um mundo simbiótico e fusional com a mãe; mundo no qual os objetos parciais apresentam-se em uma zona de indistinção

---

[70] Essa nota não se encontra na versão alemã das *Gesammelte Werke*. Ela pode ser encontrada, por exemplo, em FREUD, Sigmund. *Ecrits de psychanalyse*. Paris: Payot, 1994, p. 238.

entre o que é meu e o que é de um Outro. Seios, excrementos, olhar, voz são percebidos pelo bebê como objetos "internos à esfera de sua própria existência".[71] No entanto, tal estado de indistinção deve ser rompido. A criança deve se separar de tais objetos para que os processos de socialização possam operar e uma identidade de si possa ser constituída por meio da imagem unificada do corpo e da submissão das pulsões parciais. Esse rompimento é uma das consequências fundamentais do primado fálico. Ou seja, uma das funções principais do primado fálico consiste em viabilizar a formação de uma imagem unificada do corpo próprio.

Por outro lado, tal formação exige o investimento libidinal na imagem unificada do corpo, hierarquizada a partir do pênis, e o abandono do investimento nos prazeres específicos de órgão. Isso só é possível através do narcisismo, com seu processo de investimento libidinal no Eu. Aqui, podemos entender melhor um ponto fundamental. Pois tudo nos leva a crer que Freud tendia a admitir que *essa assunção do primado fálico só seria possível através da clivagem do Eu.*

Sabemos que o primado fálico é um modo de organização psíquica que se baseia na fantasia de que o pênis representa o centro do investimento narcísico sobre o corpo, seja no caso do homem, seja no caso da mulher. Para tanto, ele exige o recalcamento da polimorfia do que é da ordem do sexual. Agora, sabemos também que esse primado é internalizado por meio de um movimento no qual o sujeito, ao mesmo tempo, admite e não admite a castração. Em ter-

---

[71] LACAN, Jacques. *Séminaire X*. Paris: Seuil, 2004, p. 269.

mos estritamente freudianos, ele deve admitir a castração para não entrar na psicose, que consistiria em simplesmente alucinar o pênis na mulher. Admitindo a castração, ele pode dar continuidade ao processo de desenvolvimento e passar do primado fálico ao primado genital, reconhecendo, assim, a diferença binária de sexo. Admitindo a castração, ele admite também o caráter frágil de sua unidade imaginária, já que permite que a experiência de polimorfia pulsional e fragmentação encontre uma forma de expressão através da angústia de castração.

Por sua vez, ele não deve admitir a castração para sustentar o narcisismo, preservar a fantasia do monismo fálico, *conservando dessa forma um núcleo de encantamento e ilusão ligado à sustentação de uma fantasia fundamental*. Uma fantasia cuja função maior é defender o sujeito do desejo de recuperar o que foi deixado para trás, deixado em uma outra forma de gozo que traz as marcas do passado. Nesse sentido, a perpetuação dessa fantasia originária é peça maior para que o Eu possa assegurar a consistência libidinal narcísica de sua estrutura.

Chegamos, então, a uma proposição paradoxal: o Eu deve se clivar a fim de assegurar seu trabalho de unificação das moções pulsionais. Para se impor como unidade, o Eu deve dividir-se.[72] No interior dessa situação paradoxal, a

---

[72] Essa é uma ideia importante para compreendermos melhor algumas especificidades da teoria psicanalítica do Eu. Em vez de uma unidade coerente e rigidamente organizada, o Eu aparece como um conjunto heteróclito, clivado, como se fosse uma formação paradoxal de compromisso construída sobre uma estrutura de contrariedades. Nesse sentido, ele é, acima de tudo, uma forma de gerir conflitos psíquicos em que a

perversão aparece como uma espécie de saída privilegiada. Pois *o traço diferencial da estrutura perversa não estaria na existência de uma operação singular apenas a ela associada.* Ele estaria na fixação a um modo de síntese psíquica (o desmentido) que deveria ser ultrapassado a fim de permitir a consolidação de processos de maturação e desenvolvimento. Uma fixação que, pelas razões já demonstradas, não implicava psicose. O uso recorrente desse modo de síntese e de organização permite suspender "o conflito entre exigências pulsionais e objeções vindas da realidade".

Manter duas ideias opostas na mente

Aqui, podemos colocar uma hipótese. Ao insistir, no texto de 1938, sobre o caráter corriqueiro dessa operação de desmentido, Freud talvez estivesse, no fundo, elaborando a percepção de uma certa mutação, atualmente cada vez mais evidente, nos processos de socialização e de individuação. A esse respeito, lembremos de um ponto central:

---

unidade não exclui o uso de divisões psíquicas. Talvez não tenha deixado esse ponto claro em outros trabalhos (como *A paixão do negativo: Lacan e a dialética,* São Paulo: Unesp, 2006 e *Lacan,* São Paulo: Publifolha, 2007), insistindo em demasia na ideia lacaniana do Eu como uma "armadura", espaço de uma "estagnação formal" (como diz Lacan em *Ecrits,* Paris: Seuil, 1966, p. 111). Essa ideia deve ser completada através do seguinte desenvolvimento: a verdadeira rigidez do Eu está na sua forma de gerir conflitos a fim de sustentar modos de organização impossíveis de se efetivarem. Daí sua situação de *locus* de contínua defesa ansiosa.

Freud nos forneceu uma teoria da mente que era, em larga medida, a descrição do impacto, na vida psíquica, de dinâmicas de identificações e de assunção de papéis sociais. Para poder operar no interior dos vínculos sociais e ser assim reconhecido como sujeito no mundo do trabalho, do desejo e da linguagem, fazia-se necessário assumir certos modos de organização e satisfação que não deixavam de produzir conflitos psíquicos. Daí a ideia, por exemplo, de vincular o saldo dos processos de socialização na sociedade moderna à neurose, com sua estrutura de recalques, denegações e instrumentalização do sentimento de culpa. Essa teoria da mente exigia, por sua vez, uma tecnologia específica de intervenção clínica em que uma interpretação de tipo hermenêutico tinha função maior.

No entanto, devemos investigar melhor afirmações, cada vez mais recorrentes na literatura psicanalítica atual, segundo as quais estaríamos passando por mutações profundas no impacto psíquico das exigências presentes nos vínculos sociais. A esse respeito, ouvimos várias vezes que a perversão estaria se transformando em saldo hegemônico dos processos de socialização. Infelizmente, muitas vezes colocações dessa natureza são apenas versões modernizadas da crítica moral à sociedade contemporânea com seu pretenso hedonismo excessivo, sua recusa a aceitar a castração e a impossibilidade do gozo.

Podemos admitir tal mutação nos processos de socialização, mas compreendendo melhor o sentido da elevação da perversão a tipo social ideal. A questão fundamental aqui se refere, principalmente, à modificação no regime de organização psíquica do Eu e, por consequência, na tecnologia de intervenção clínica que a atualidade exige. Pois talvez precisemos de uma teoria da mente na qual o recurso ao recalque e à repressão é secundarizado em prol de usos cada vez mais extensivos da *Verleugnung*.[73]

F. Scott Fitzgerald disse uma vez: "O teste de uma inteligência superior é a capacidade de manter duas ideias opostas na mente ao mesmo tempo e ainda conservar a capacidade de funcionar." Talvez ele não imaginasse que essa inteligência poderia se tornar um traço ordinário. Seu caráter ordinário aparece se aceitarmos que os processos de socialização e de individuação não se apoiam mais, de maneira hegemônica, na função organizadora do recalque e da repressão. Como se a constituição de personalidades coerentes e organizadas não fosse mais o horizonte a guiar o desenvolvimento individual.[74] Situação social na qual o Eu deve aparecer como espaço heteróclito de *contradições que são suspensas sem se resolverem*; espaço em que o *saber* advindo da inscrição da "percepção" e a *crença* fantasmática estão em contínua dissociação.

Em situações sociais de desagregação de padrões normativos e de crise de legitimidade, é possível que o Eu tenda a desenvolver-se internalizando o que poderíamos cha-

---

[73] Essas colocações referem-se àquilo que Freud chama de "recalque propriamente dito" (*eigentliche Verdrängung*), e não ao que encontramos nos textos freudianos sob o nome de *Urverdrängung* (recalque originário). O problema do recalque originário, sua natureza, gênese e estrutura, merece um outro desenvolvimento, que será objeto de estudos futuros.

[74] Desenvolvi, de maneira extensa, essa questão em SAFATLE, Vladimir. *Cinismo e falência da crítica*. São Paulo: Boitempo, 2008, em especial no capítulo "Para uma crítica da economia libidinal".

mar de *estruturas duais de organização*, em que determinações contraditórias convivem de maneira "flexível" no interior de uma instância psíquica clivada. Essa seria uma maneira de procurar estabilizar uma decomposição psíquica inevitável quando os padrões normativos começam a funcionar em situação de anomia.

Eles (não) sabem o que fazem

Não deixa de ser instrutivo perceber como o vínculo entre tais estruturas duais e o fetichismo havia sido preparado´ através de um retorno aos exemplos antropológicos que, afinal, forneceram a base para o conceito. Como se agora não fosse mais possível dissociar um sistema de crenças supersticiosas e sociedade desencantada.

Algumas décadas após o texto freudiano, o psicanalista francês Octave Manonni escreveu um importante artigo sobre o fetichismo em que a questão era, entre outras coisas, a de retornar aos exemplos antropológicos referentes a sistemas encantados de crenças.[75] Vimos como foi daí que partiu o desenvolvimento da crítica do fetichismo, com Charles De Brosses. E é como uma certa "crítica da crítica" que os exemplos de Mannoni devem ser compreendidos.

Dentre vários exemplos, Mannoni fala de uma antiga crença dos índios norte-americanos hopis e pueblos: a crença nos *katcinas* (de *qatcina,* que significa "o que traz vida").

---

[75] MANNONI, Octave. *Clefs pour l'imaginaire ou L'autre scène.* Paris: Seuil, 1969, p. 14.

A princípio, os *katcinas* parecem ser um bom exemplo do que De Brosses entendeu por "fetiche", já que são espíritos objetos de adoração ligados a fenômenos naturais, objetos inanimados, animais ou princípios, formando uma espécie de grande inventário do mundo visível e invisível. Em uma certa ocasião, os *katcinas* encarnam-se em máscaras usadas em rituais visando às crianças. Nesses rituais, eles vêm ao mundo a fim de devorar as crianças desobedientes, mas são apaziguados com pedaços de carne dados pelas mães. Em outros rituais, os *katcinas* criam um ambiente festivo, deixando às crianças um pão de milho chamado *piki*.

Mannoni descreve, então, como, no momento da iniciação, em grandes cerimônias que parecem invocar a castração, uma espécie de ritual de desmistificação ocorre. Os adultos, esses que no sistema hopi de parentesco são chamados de "pais" e "tios", retiram as máscaras diante das crianças, mostrando como eles se passavam por *katcinas*. É assim que o índio hopi Don C. Talayesva descreve a experiência:

Quando os *katcinas* entraram na *kiva* [câmara subterrânea] sem máscaras, tive um grande choque: não eram espíritos. Eu reconhecia todos e me sentia realmente infeliz, porque durante toda minha vida disseram-me que os *katcinas* eram deuses. Estava sobretudo chocado e furioso por ver meus pais e tios de clã dançar como *katcinas*. Mas era ainda pior ver meu próprio pai.[76]

---

[76] TALAYESVA, Don. *Soleil Hopi*. Paris: Plon, 1959, p. 108. Lévi-Strauss também discute a peculiaridade da crença nos *katcinas* em LÉVI-

No entanto, esse exercício de desencantamento, longe de ser um duro golpe contra a crença, será a condição para que a crença permaneça, mas agora reacomodada a um certo regime de saber. "Agora, vocês sabem", dizem os hopis a seus filhos, "que os *verdadeiros katcinas* não vêm mais dançar como antes. Eles habitam as máscaras nos dias de dança". Se quisermos voltar a uma velha discussão de De Brosses, diremos que eles habitam as máscaras de maneira *simbólica,* fazendo com que sua ausência não implique a perda de sua eficácia.

Notemos que o dado realmente importante no exemplo, ao menos para nossa discussão, refere-se ao reconhecimento da necessidade funcional da ilusão social. Por que as crianças devem ser iludidas, a não ser para sustentarem socialmente a crença dos adultos, ou seja, para permitir aos adultos *agirem como se desconhecessem* que os *katcinas* não vêm mais dançar como antes? As crianças não apareceriam, assim, como a encarnação exteriorizada de uma crença que, mesmo não podendo ser internalizada, continua a guiar a conduta dos adultos? Como se as crianças fossem o verdadeiro *fetiche,* já que a função real do fetiche é, de uma certa forma, "crer no meu lugar". Essa possibilidade de constituir um espaço social que permite aos sujeitos agirem como se não soubessem, acreditarem "por procuração", explica por que Mannoni crê na possibilidade de o jovem hopi dizer,

---

STRAUSS, Claude. *O suplício do Papai Noel.* São Paulo: Cosac Naif, 2008. Ver ainda. TUZIN, Donald. "Croyances paradoxales: Mannoni, Kwamwi et la rencontre des deux esprits". *In: Revue Incidence*, n. 2, out. 2006.

após o "ritual de desencantamento": "*Eu sei bem* que os *katcinas* não são espíritos, que eles são meus pais e tios, *mas mesmo assim* os *katcinas* estão lá quando meus pais e tios dançam com máscaras."[77]

Não por acaso, essa fórmula presente na mentalidade hopi "eu sei bem, mas mesmo assim..." adianta alguns aspectos fundamentais do modo de relação entre crença e saber que encontramos de maneira exemplar no desmentido fetichista. "Eu sei bem, mas mesmo assim..." é exatamente aquilo que o fetichista não cansa de dizer. Eu sei bem que a mulher é castrada, mas mesmo assim posso gozar da aparência de sua não castração, ou seja, *eu posso agir como se não soubesse*. Na dimensão do fetichismo, o sujeito sabe, por exemplo, que portar uma bota de látex negro não permite à mulher ser menos castrada do que antes. Há pois um *saber da verdade*, mas isso não o impede de gozar como se ele não soubesse. Assim, se no interior da discussão sobre o fetichismo "tudo se passa como se vivêssemos em um meio no qual flutuam crenças que aparentemente ninguém assume",[78] é porque o fetichismo nos lembra que é possível dissociar crença e saber, criando uma estrutura dual de organização psíquica. O encantamento fetichista, em vez de um não querer saber, é um saber impotente diante da crença.

Nesse sentido, o paralelo entre o sistema fetichista de crença e aquilo que encontramos na comunidade hopi não podia ser mais irônico. Claro que não devemos confundir o modo de funcionamento de um sistema mítico socialmente

---

[77] MANNONI, Octave, *op. cit.*, p. 16.
[78] *Idem, op. cit.*, p. 19.

partilhado, ritualmente codificado, com uma fantasia que, diga-se de passagem, também é fundamento para a sustentação do vínculo social.[79] Não se trata de afirmar como creem os hopis, mas como seu sistema de crença *agora aparece para nós*. Não há como negar uma impressionante mudança de direção na relação entre o Ocidente e seu Outro.

Assim, mais uma vez a reflexão clínica se voltava para a análise do comportamento em sociedades pré-modernas a fim de estabelecer aproximações com comportamentos patológicos próprios das nossas sociedades modernas. Isso poderia parecer uma maneira astuta de conservar o paralelo entre filogênese e ontogênese, assim como conservar a noção de doença mental como regressão. No entanto, a aproximação serve para revelar algo inesperado. Pois o modelo de estruturação do Eu através da noção de *clivagem* e de desmentido, com seu regime peculiar de síntese, mostra as condições para a perpetuação de um certo "dispositivo arcaico" na própria constituição dos sujeitos modernos. O que não poderia ser diferente, já que *o verdadeiro problema do fetichismo refere-se à maneira que uma construção fantasmática, um "mito individual", pode perpetuar-se em contextos desencantados*. Ou, se quisermos, como o encantamento pode se impor a despeito de uma "prova de realidade",

---

[79] Mas Lévi-Strauss havia claramente compreendido como, para o homem moderno que desconhece o tempo mítico, a dimensão fantasmática funcionava como um "mito individual" (por estar vinculado a temáticas próprias ao núcleo familiar, e não por ser singular de cada sujeito) capaz de impor sistemas de disposição de condutas que parecem nos remeter à repetição própria de um tempo circular.

como encantamento e desencantamento podem se articular de maneira profundamente solidária. Dessa forma, a psicanálise acaba por revelar o regime de encantamento próprio às nossas sociedades ditas desencantadas. Mais uma vez, um dispositivo sintetizado para dar conta de situações patológicas acaba por iluminar traços desconhecidos de processos e comportamento "normais".

As sutilezas metafísicas da mercadoria

Aqui, vale a pena uma digressão final para além do quadro específico dos textos freudianos. Pois já deve ter ficado claro como esta fórmula "Eu sei bem, mas mesmo assim...", que sintetiza a lógica do desmentido fetichista, é uma espécie de inversão sintomática da famosa frase usada por Marx a fim de traçar os contornos do desconhecimento ideológico: "Eles não sabem, mas o fazem." No entanto, se nos voltarmos para o problema marxista do fetichismo da mercadoria, veremos que, no fundo, é possível encontrar certas elaborações estruturalmente semelhantes àquelas apresentadas por Freud. Semelhança estrutural que nos auxilia a pensar modalidades de retorno do conceito de fetichismo ao campo da cultura. Não se trata aqui de expor detalhadamente a teoria marxista do fetichismo e seus desdobramentos posteriores, o que por si só exigiria um outro livro. Trata-se apenas de indicar certos pontos que permitiriam estabelecer reflexões convergentes entre psicanálise e teoria social.

Se voltarmos os olhos para a temática marxista do fetichismo da mercadoria, veremos como ela impõe, tal como em Freud, um profundo redirecionamento no sentido até então presente na noção de "fetichismo". Sabemos que Marx conhecia o livro de De Brosses.[80] Comecemos então por nos perguntar sobre o que haveria de "fetichismo" no fetichismo da mercadoria. Já sabemos que o termo dizia inicialmente respeito a duas operações que o pensamento europeu compreendia como característica de "povos primitivos", a saber, a incapacidade de abstração e um modo de pensar projetivo que exterioriza construções e qualidades humanas em objetos, isso de maneira a dar realidade natural, naturalizar processos sociais.

De fato, a maneira com que Marx utiliza o termo "fetichismo" aproxima-se, logo de entrada, de um dos sentidos fornecidos por De Brosses. Pois Marx quer mostrar como no interior da economia das sociedades capitalistas industriais "produtos do cérebro humano parecem figuras autônomas, adquirindo vida própria, estabelecendo relações uns com os outros e com os homens",[81] isso desde o momento em que tais produtos são produzidos como mercadorias. Como se a esfera desencantada das trocas econômicas fosse, no fundo, espaço de construções e processos similares àqueles que encontramos na esfera do encantamento religioso.

Uma das múltiplas maneiras possíveis de abordagem desse problema consiste em dizer que, ao produzirem mercadorias no interior do processo capitalista de acumulação,

---

[80] Ver BÖHME, Hartmut, *op. cit.*, pp. 311-315.
[81] MARX, Karl. *O capital*, livro I. Rio de Janeiro: Civilização Brasileira, 2006.

os sujeitos necessariamente projetariam, isso no sentido de não poderem mais se reconhecer naquilo que eles mesmos fazem e produzem. No entanto, devemos nos colocar uma pergunta que apenas em aparência é simples, a saber: o que fazem exatamente os sujeitos quando produzem mercadorias?

Não devemos compreender "mercadoria", nesse contexto, como todo e qualquer produto humano que possa ser trocado. A mercadoria a respeito da qual Marx se refere é aquele objeto cuja única finalidade econômica é permitir um processo de autovalorização do capital (esse processo através do qual uma quantidade D de dinheiro produz um quantidade D' maior de dinheiro). Ela é produto que, ao ser trocado por dinheiro, permite ao dinheiro anteriormente aplicado se valorizar. Nesse sentido, a característica fundamental do capitalismo, para Marx, é organizar toda a economia e a vida social tendo em vista tal processo incessante de valorização. Um pouco como se, no capitalismo, o processo produtivo fosse, no fundo, uma espécie de momento do processo especulativo. É a isso que Marx alude ao afirmar que, na mercadoria, o valor de troca é o modo de expressão ou a forma fenomenal necessária do valor, isso a despeito do valor de uso, ou seja, do caráter útil da coisa para o seu comprador.

Podemos então dizer que, ao produzir mercadorias, os sujeitos produzem necessariamente valores de troca. Mas o que afinal eles fazem ao produzir valores de troca? Marx diz inicialmente que eles devem agir como quem dissolve todas as características sensíveis dos objetos trabalhados. Tudo se passa como se o corpo (*Körper*) do objeto fosse abstraído, isso para se tornar puro suporte de valores abstratos de troca. Dessa forma, o corpo da mercadoria se conforma a uma "objetividade fantasmática" (*gespenstige Gegenständlichkeit*) representada pela pura quantidade do valor de troca. Esse corpo advém da expressão daquilo que Marx chama de "forma-equivalente", *o que nada mais é do que a possibilidade de todo corpo equivaler a outro, de todo corpo passar no outro ou, se quisermos, de todo corpo dissolver-se no outro*. Essa reversibilidade absoluta dos corpos pode ser vista como uma espécie de resultado ideal do fetichismo. Assim, o corpo dos objetos, suas características sensíveis devem ser negadas para que um determinado valor possa ser não apenas atribuído, mas "encarnado". Essa encarnação é conformação a uma idealidade (o fetiche) que se transforma, como dizia Marx, em uma "coisa sensível suprassensível".

Giorgio Agamben, em texto recente, mostrou como essa negação do corpo da mercadoria seria a manifestação mais bem acabada de uma situação fundamental dos objetos no capitalismo: eles estão separados de si mesmos; "todas as coisas são exibidas na sua separação de si mesmas". Dizer que as coisas estão separadas de si mesmas significa, nesse contexto, dizer que elas estão submetidas a um princípio que lhes é estranho. Proposição arriscada, pois parece nos colocar à procura de uma bizarra naturalidade essencial das coisas.

No entanto, essa não é, como poderíamos esperar, a perspectiva de Agamben. Tentemos, por exemplo, compreender o que está por trás da afirmação segundo a qual, com a transformação dos objetos em suportes de valores de troca, "todo uso se torna duravelmente impossível", pois no lugar do uso possível (que Agamben aproxima do "livre jogo com as coisas") só teríamos o usufruto, o consumo, ou seja, o uso submetido a uma função utilitária ou ao mero consumo de valores de troca.[82] Essa dicotomia entre uso e consumo ou, ainda, essa maneira peculiar de reordenar a dicotomia entre "valor de uso" e mero consumo de "valor de troca" tem ao menos o mérito de nos livrar de um certo discurso que vincula o valor de uso à pretensa esfera das necessidades naturais do homem. A ideia fundamental parece ser aqui insistir que o "uso", em Marx, "uso" pensado fundamentalmente como modo de relação entre sujeito e objeto, deveria ser idealmente aproximado de noções como "livre jogo", "meios sem fim", ou seja, não redução instrumental de objetos e processos. Só através da mobilização de tais experiências os sujeitos poderiam *se reconhecer* nos objetos produzidos, satisfazendo algo que não é mera necessidade bruta, mas um desejo mais elaborado de reconhecimento social. Não é mero acaso o fato de que a categoria do "uso" seja reconstruída por meio do recurso a experiências mais próximas do campo da fruição estética. Tal recurso parece procurar recuperar algo do paradigma do trabalho presente no jovem Marx dos *Manuscritos econômico-filosóficos*, com sua constituição a partir da expressão estética.[83]

---

[82] AGAMBEN, Giorgio. *Profanações*. São Paulo: Boitempo, 2007, p. 71.
[83] Sobre o conceito de trabalho no jovem Marx, ver, por exemplo, HABERMAS, Jürgen. *Conhecimento e interesse*. Rio de Janeiro: Zahar, 1982. Sobre o "naturalismo" da crítica marxista da economia política, ver sobretudo Jean-François Lyotard. É de Lyotard a ideia de que a crítica marxista seria ainda dependente do mito "de uma boa natureza rebelde, de uma natureza que é boa enquanto rebelde e, assim, deixada na exterioridade,

Aqui já encontramos um caminho de aproximação entre Marx e Freud a respeito do problema do fetichismo. Pois podemos lembrar a ideia de "processo sem princípio unitário de organização", usada no capítulo II para definir a natureza no campo da sexualidade. Se levarmos isso em conta, podemos dizer que se trata de duas formas de pensar modalidades de resistência dos objetos a uma estrutura unitária de equivalência e de determinação instrumental. Freud insistira que, no fetichismo, o objeto do desejo submete-se a uma idealização que consistia em transformá-lo em puro suporte de um atributo ou traço elevado à condição de encarnação sensível do valor. Essa idealização não é estruturalmente distinta daquilo que Marx descreve através das discussões relativas à abstração própria à forma-mercadoria. Nos dois casos, o corpo dos objetos, suas características sensíveis (e, como vimos já na discussão sobre a natureza do valor de uso, haveria muito a se dizer a respeito do sentido do termo "sensível" nesse contexto) devem ser negadas para que um determinado valor possa ser encarnado.

Nesse sentido, se voltarmos à discussão de Agamben, diremos que "consumo" só poderá significar uma conformação instrumental de tal ordem guiando a relação sujeito/objeto que qualquer possibilidade de reconhecimento, no objeto, da singularidade dos sujeitos consumidores e produtores estaria bloqueada. Pois o consumo sempre será direcionado a um valor "imaterial" que só se realiza quando o sujeito é capaz de passar por e anular todas as determina-

---

esquecida, forcluída" (LYOTARD, Jean-François. *Economie libidinale*. Paris: Minuit, 1972, p. 131).

ções singulares (o que nos remete à ideia hegeliana do consumo como infinito ruim). Nesse sentido, *no consumo, fetichizamos não os objetos, mas o processo "fantasmagórico" que nos permite destruir a materialidade de todo objeto singular e de todo sensível em geral.*[84]

A partir disso, podemos pensar algumas consequências da afirmação de Marx segundo a qual, ao agir como quem vê na mercadoria o puro suporte de valores de troca, os sujeitos, ao mesmo tempo, agem como se acreditassem que todos os trabalhos singulares pressupostos pelos objetos produzidos são também equivalentes. Pois se as mercadorias podem ser equivalentes é porque os trabalhos que as produziram também podem ser submetidos a um padrão geral de cálculo. Esse ponto é central para compreender por que Marx pode dizer que, ao produzir e consumir valores de troca, os sujeitos não sabem o que fazem. Agir como se os trabalhos singulares fossem equivalentes significa transformá-los em puro *quantum* de trabalho abstrato, trabalho que não expressa subjetividade alguma. Dessa forma, a característica alienada do trabalho social é posta como carac-

---

[84] Nesse sentido, podemos mesmo dizer que a crítica iluminista do fetichismo "implica uma nova definição do que significava ser europeu: isto é, um sujeito livre da fixação em objetos, um sujeito que, tendo reconhecido o verdadeiro valor (isto é, de mercado) do objeto como mercadoria, se fixava, em vez disso, nos valores transcendentais que transformavam o ouro em navio, os navios em armas, as armas em tabaco, o tabaco em açúcar, o açúcar em ouro, e tudo isso em um lucro que podia ser contabilizado". (STALLYBRASS, Peter. *O casaco de Marx: roupas, memória, dor.* Belo Horizonte: Autêntica, 2008, p. 45).

terística objetiva dos produtos do trabalho.[85] Nesse sentido, a maneira com que as coisas são trocadas apenas revelaria a maneira com que as relações sociais de trabalho são efetivamente vivenciadas. É nisso que Marx pensa ao enunciar a fórmula canônica do fetichismo da mercadoria: "A relação social entre homens recebe a forma fantasmagórica de uma relação entre coisas." Notemos com isso que, mesmo estando no interior de um mundo de entidades a-qualitativas, de abstrações, os sujeitos agirão com se essas abstrações fossem reais.

Imagem e reificação

Décadas após Marx, Georg Lukács voltou ao problema do fetichismo da mercadoria a fim de forjar o conceito de "reificação" para lembrar como essa submissão do trabalho singular à abstração geral da equivalência própria à forma-mercadoria implicava o desenvolvimento de uma *atitude contemplativa* do sujeito em relação a seu próprio trabalho, um pouco como o pretenso "selvagem" que contempla forças sobrenaturais que, no fundo, foram "produzidas pelo

---

[85] De fato, a leitura que proponho não segue de maneira estrita a divisão entre a "antropologia" própria às temáticas da alienação do trabalho no jovem Marx e o "estruturalismo" das temáticas do fetichismo no Marx da maturidade. Divisão que ficou canonizada em ALTHUSSER, Louis. *Lire le Capital*. Paris: PUF, 1996. Pois seguir de maneira estrita tal divisão implica perder a capacidade de compreender como o fetichismo da mercadoria é também "uma forma alienada de vínculo afetivo a um objeto do desejo" (BÖHME, Hartmut, *op. cit.*, p. 315).

seu próprio cérebro". Essa atitude contemplativa é descrita por Lukács nos seguintes termos:

> quando a atividade do homem se objetiva em relação a ele, torna-se uma mercadoria que é submetida à objetividade estranha aos homens [objetividade] de leis sociais naturais, e deve executar seus movimentos de maneira tão independente dos homens, como qualquer bem destinado à satisfação de necessidades que se tornou artigo de consumo.[86]

Tal atitude é, na verdade, o resultado da submissão integral do trabalho a uma racionalidade instrumental marcada pela tentativa de padronização de critérios de decisão baseados na possibilidade de quantificação, mensuração, cálculo e estabelecimento de equivalências. Princípio de racionalidade derivado da noção de racionalidade orientada para fins, tal como apresentada por Max Weber.[87] Nesse

---

[86] LUKÁCS, Georg. *História e consciência de classe: estudos sobre a dialética marxista.* São Paulo: Martins Fontes, 2003, p. 200. Atualmente, Axel Honneth procurou recuperar o conceito de reificação insistindo em sua significação de "esquecimento de reconhecimento", ou seja, de bloqueio do reconhecimento devido à adoção de uma atitude objetivante em relação a si mesmo e ao mundo social (ver HONNETH, Axel. *Verdinglichung: Eine anerkennungstheoretische Studie.* Frankfurt: Suhrkamp, 2005).

[87] Lembremos a clássica distinção de Weber sobre a ação social: "A ação social, como toda ação, pode ser determinada: 1) de modo racional referente a fins: por expectativas quanto ao comportamento de objetos do mundo exterior e de outras pessoas, utilizando essas expectativas como 'condições' ou 'meios' para alcançar fins próprios, ponderados e perseguidos racionalmente, como sucesso; 2) de modo racional referente

sentido, coube principalmente a Lukács demonstrar como a forma-mercadoria seria o veículo privilegiado para a imposição de tal racionalidade às múltiplas esferas da vida social, transformando-se, assim, em um "protótipo de todas as formas de objetividade e de todas as suas formas correspondentes de subjetividade na sociedade burguesa".[88]

Lukács compreende o desenvolvimento das técnicas, desde o artesanato, passando pela manufatura, até a indústria mecânica, como a história material do aprofundamento do processo de eliminação das "propriedades qualitativas, humanas e individuais do trabalhador"[89] e, consequentemente, de autorreificação. Lembremos como, no momento em que Lukács escreve, imperava na empresa capitalista tanto a burocracia de estilo weberiano, com sua impessoalidade, seu formalismo, seus procedimentos sistematizados, sua especialização e completa previsibilidade do funcionamento, quanto a "administração científica" de cunho taylorista, na qual o processo produtivo era analisado a partir de sistemas rígidos de tempos e movimentos, organizado levando em conta uma divisão radical do trabalho que tendia a submeter a ação subjetiva à lógica do automatismo. Nos dois casos, valeria o dito de Lukács: "Essa fragmentação do

---

a valores: pela crença consciente no valor — ético, estético, religioso ou qualquer que seja sua interpretação — absoluto e inerente a determinado comportamento como tal, independentemente do resultado; 3) de modo afetivo, especialmente emocional, por afetos ou estados emocionais atuais; 4) de modo tradicional, por costume arraigado" (WEBER, Max. *Economia e sociedade.* v. 1. Brasília: Editora da UnB, 1994, p. 15.

[88] LUKÁCS, Georg, *op. cit.*, p. 194.

[89] *Idem*, *op. cit.*, p. 201.

objeto da produção implica necessariamente a fragmentação do seu sujeito".[90]

No entanto, há um ponto que aparece, de maneira tangencial, na problemática lukacsiana da reificação, mas que ganhará importância decisiva na recuperação posterior da temática do fetichismo social. Ponto que nos aproxima das reflexões psicanalíticas sobre o fetichismo. Lukács insistia que o modo de racionalização próprio à forma-mercadoria (quantificação, mensuração, cálculo) implicava a generalização social de uma forma de racionalidade que determina objetos como determinamos e justapomos coisas no espaço. Pois sob tal forma de racionalidade "o tempo perde o seu caráter qualitativo, mutável e fluido; ele se fixa num *continuum* determinado com precisão, quantitativamente mensurável, pleno de coisas quantitativamente mensuráveis (...) torna-se espaço".[91] A unidade dinâmica de processos fornecida pelo tempo histórico é fragmentada através da redução

---

[90] *Idem, op. cit.*, p. 203. Em *O nascimento da biopolítica,* Michel Foucault lê a noção de *homo oeconomicus* pressuposta pelo neoliberalismo norte-americano, assim como sua noção de "capital humano", como não dependendo da generalização da estrutura da forma-mercadoria, mas da "forma-empresa". Ele analisa a maneira pela qual todos os processos sociais do indivíduo, da formação à relação familiar, serão paulatinamente avaliados a partir de uma lógica de investimento própria da empresa. O que o leva a afirmar que: "O *homo oeconomicus* é um empresário, e o empresário de si mesmo" (FOUCAULT, Michel. *O nascimento da biopolítica.* São Paulo: Martins Fontes, 2009, p. 311). Nesses dois modelos (forma-mercadoria e forma-empresa) vemos o desdobramento das consequências da generalização do mesmo processo de racionalização social que Lukács tinha em vista.

[91] LUKÁCS, Georg, *op. cit.*, p. 205.

do campo da experiência a um *continuum* de "coisas" autônomas, aparentemente desprovidas de relações. Essa submissão da experiência da temporalidade a um tempo que nada mais é do que a sucessão mensurável de instantes isolados entre si não deixa de ser eco das reflexões de Heidegger em *Ser e tempo,* um livro que claramente influenciou as considerações de Lukács.

Dois leitores atentos de *História e consciência de classe,* vindos de tradições totalmente distintas, partirão desse ponto para insistir em um aspecto importante do fetichismo contemporâneo. Eles lembrarão como a imagem, com sua fixidez e estaticidade características, fora classicamente associada ao modo de determinação das coisas no espaço. Pois estar na imagem é, para um objeto, oferecer-se a ver de maneira estática, submetida à espacialidade de um plano visual; é entregar-se a um regime de visibilidade instantânea, de identificação imediata. Sendo assim, a elevação da forma-mercadoria a padrão geral de objetivação social seria indissociável da submissão dos objetos e da estrutura da subjetividade àquilo que poderíamos chamar de "primado da imagem" como regime de ordenamento.[92]

Vimos anteriormente como Freud, em um movimento que será bastante implementado por Lacan, abre as portas para a ressonância do sentido mais arcaico da palavra *idea-*

---

[92] Para uma análise dessa crítica da imagem no interior do pensamento do século XX, ver JAY, Martin. *Downcast eyes: the denigration of vision in twentieth century french though.* Berkeley: University of California Press, 1994. Jay lembra do "forte vínculo entre toda crítica do fetichismo, marxista ou não, e a crítica da idolatria" (*idem, ibidem,* p. 419).

lização. Trata-se da submissão do objeto ao esquema mental que dele possuímos. Ou seja, trata-se da apreensão do objeto como projeção de um esquema mental que, no caso do fetichismo, é *imagem fantasmática.*[93] Vimos, em capítulos anteriores, como o objeto fetiche é objeto reduzido à condição de suporte de uma imagem fantasmática. O que nos explica, por exemplo, por que o fetichista é necessariamente um *cenógrafo* que, através de uma espécie de contrato, constrói situações nas quais ele procura anular toda dissonância presente no corpo do objeto por intermédio da sua conformação perfeita à imagem.

Um desses leitores atentos ao problema da reificação em Lukács será Theodor Adorno. O mesmo Adorno cujas reflexões sobre o fetichismo no campo da cultura serão profundamente influenciadas por essa articulação entre Freud e Marx. Pensando sobre o problema do bloqueio da experiência da temporalidade na forma musical do século XX, Adorno lançará luzes em uma tendência geral na constituição dos objetos no campo da cultura. Constituição que visa a organizá-los a partir do modo de organização próprio das imagens. Daí porque Adorno dirá, deixando ressoar ecos da noção originária de fetichismo religioso, "o que se aferra à imagem fica prisioneiro do mito, culto dos ídolos",[94] ou ain-

---

[93] Lacan, por exemplo, dirá que: "O fetiche é de uma certa maneira imagem, e imagem projetada" (LACAN, Jacques. *Séminaire IV*. Paris: Seuil, 1992, p. 158).

[94] ADORNO, Theodor. *Negative Dialektik*. Frankfurt: Suhrkamp, 1973, p. 199.

da, "é sem imagem que o objeto deve ser pensado em sua integralidade".[95]

O outro leitor será Guy Debord, que, por sua vez, chamará esse regime de imagens de "espetáculo", daí sua definição do espetáculo como "uma relação entre pessoas mediada por imagens";[96] definição inspirada na fórmula marxista de fetichismo. "Espetáculo" é aqui, inicialmente, modo de absoluta autorreificação, posição de si como imagem própria a uma cena alienante.[97] Modo de autorreificação que, por sua vez, implica um certo regime de exposição de objetos e processos em que esses também são reduzidos à condição de imagens. Regime de exposição no qual o modo de ser concreto será justamente a abstração no interior da qual o mundo sensível é substituído por uma seleção de imagens. Para essa noção de espetáculo convergem a atitude contemplativa e exterior descrita por Lukács (mesmo a discussão sobre a perda da temporalidade aparece claramente na definição do espetáculo como "falsa consciência

---

[95] *Idem, ibidem*, p. 201. Trabalhei de maneira extensiva esse problema em SAFATLE, "Fetichismo e mimesis na teoria adorniana da música".

[96] DEBORD, Guy. *A sociedade do espetáculo*. Rio de Janeiro: Contraponto, 2002, p. 14. Sobre relações possíveis entre Adorno e Debord, ver DUARTE, Rodrigo. "Seis nomes, um só Adorno". *In*: NOVAES, Adauto (org.). *Artepensamento*. São Paulo: Companhia das Letras, 1994.

[97] "Em relação ao homem que age, a exterioridade do espetáculo aparece no fato de seus próprios gestos já não serem seus, mas de um outro que os representa por ele. É por isso que o espectador não se sente em casa em lugar algum, pois o espetáculo está em toda parte" (DEBORD, Guy, *op. cit.*, p. 24).

do tempo"[98]) experiências de alienação certamente animadas pelas discussões lacanianas sobre o Imaginário e os diagnósticos sociais de ampliação da sociedade de consumo em países ocidentais.

Sobre esse último ponto, notemos como ele pode nos fornecer uma indicação preciosa a respeito da dicotomia entre uso e consumo que anima a recuperação, feita por Agamben (um atento leitor de Debord), da distinção entre valor de uso e valor de troca. Pois se foi possível dizer anteriormente que "consumo" significa uma conformação instrumental de tal ordem guiando a relação sujeito/objeto que qualquer possibilidade de reflexão da singularidade dos sujeitos consumidores e produtores estaria bloqueada, é porque o objeto consumido deve ter sido conformado a uma idealidade social que talvez encontre na figura da imagem sua representação mais adequada.

Essa naturalização da abstração como conformação da imagem, como reconstrução do objeto a partir da imagem ou, ainda, como *devir imagem do objeto* nos abre caminhos para aspectos importantes da atualidade das temáticas relativas ao fetichismo no campo da cultura. No entanto, ele também apresenta riscos.

Por um lado, lembremos, por exemplo, como o fetichismo atual da mercadoria procura dotar a mercadoria de personalidade e individualidade antropomórficas, o que não deixa de nos remeter aos costumes dos "selvagens". A esse respeito, a retórica do consumo não cansa de falar, de maneira extremamente sintomática, da "personalidade" de

---

[98] *Idem, ibidem*, p. 108.

uma marca. Personalidade essa que encontra sua forma ideal em uma "imagem" de marca, verdadeiro objeto dos processos atuais de valorização do capital. Como se aquilo que é da ordem da personalidade convergisse naturalmente com o que pode ser posto em uma imagem. O que talvez seja verdade, já que as exigências de identidade, unidade e coerência presentes na noção tradicional de personalidade parecem só poder ser sustentadas através da fixidez compulsiva ao que se entrega naturalmente como imagem. Nesse sentido, a retórica do consumo talvez tenha nos auxiliado a mostrar a natureza funcional de certos regimes de imagens como modos de organização.

Por outro lado, esse modo de compreensão da natureza das imagens traz vários pressupostos que mereceriam discussões mais demoradas. Pois tudo se passa como se fosse próprio de toda imagem um modo único de determinação dos entes, como se não houvesse, no interior mesmo do campo das imagens, dispositivos muitas vezes contraditórios entre si. Além do que, nessa condenação peremptória da imagem, ainda ressoam motivos do fetichismo como grau zero de representação que já estavam presentes em De Brosses.

Essa discussão relativa à imagem, para ser profícua, não pode estar associada a modos de alienação em sistemas naturalizados de crenças, como muitas vezes é o caso. O recurso à psicanálise serve para nos lembrar como *toda imagem-fetiche é sempre modo de colonização de algo que não é imediatamente imagem*, algo originariamente vinculado à lógica pulsional da fragmentação e da polimorfia, estranha ao regime ordenador, estático e unificador tradicionalmente vinculado à imagem. Realizar a separação entre esse objeto pulsional e a imagem que o coloniza é um procedimento mais complexo do que a simples crítica dos bloqueios produzidos por um pensar aferrado às imagens. Pois ela exige uma operação no interior das próprias imagens-fetiches.

Uma zona psicológica obscura

Neste ponto, valeria a pena terminar esta discussão sobre a atualidade das categorias de fetichismo e reificação retornando à segunda operação própria ao fetichismo em De Brosses, a saber, a incapacidade de operar com abstrações. Na verdade, no interior da tradição marxista, tal incapacidade de abstração foi compreendida tradicionalmente como um processo de naturalização de abstrações, isso devido principalmente à incapacidade da consciência de apreender totalidades de relações causais. Como se o fetichismo fosse a operação "metonímica" através da qual processos produzidos pela totalidade de uma estrutura (no caso do fetichismo da mercadoria, a determinação social do valor) fossem apreendidos como propriedades em um elemento da estrutura (no caso, uma mercadoria elevada à condição de dinheiro).[99] Como se uma parte valesse assim pelo todo. Daí normalmente se seguiram ideias como "a tarefa de uma análise histórica muito meticulosa é mostrar claramente,

---

[99] Ver, por exemplo, ZIZEK, Slavoj. "Como Marx inventou o sintoma". *In*: ZIZEK, Slavoj (org.). *O mapa da ideologia*. Rio de Janeiro: Contraponto, 1996, p. 308.

mediante a categoria da possibilidade objetiva, em que condições se torna possível desmascarar realmente a ilusão e estabelecer uma conexão real com a totalidade".[100] Pois quando Lukács fala do sofrimento social advindo da incapacidade da consciência de apreender o sentido da totalidade, não devemos deixar de perceber um pressuposto maior: a experiência do *sentido* é indissociável da reconstrução consciente da *totalidade* de relações sociais. Totalidade que seria a matriz geradora tanto da forma quanto dos conteúdos de tais relações e que, no horizonte, poderia ser atualizada sob a forma da consciência (de classe, mas mesmo assim ainda uma consciência), até porque Lukács tem uma noção "expressiva" de totalidade em que essa aparece como expressão completa de seus momentos e de sua gênese.[101]

No entanto, a partir de um certo ponto, talvez haja algo no conceito de fetichismo em Marx que a temática da reificação não consegue apreender. Esse ponto de ruptura refere-se ao modo de articulação entre crença e saber no interior do fetichismo. Em alguns momentos importantes de seu texto, Marx indica situações nas quais o saber da consciência é estruturalmente distinto da crença que suporta o seu agir; situações em que o saber é, de uma certa forma, impotente diante da crença. Nesses momentos, ele parece procurar, através do fetichismo, descrever o mecanismo de uma certa "ilusão vivenciada como necessária" que não passa pela incapacidade da consciência de apreender a tota-

---

[100] LUKÁCS, Georg, *op. cit.*, p. 144.
[101] Ver JAY, Martin. *Marxism and totality*. Berkeley: University of California Press, 1984, p. 108.

lidade. Como se compreender modos de alienação determinados pelo fetichismo só fosse possível à condição de entendermos como sujeitos agem a despeito daquilo que, de certa forma, sabem. Marx lembrará, por exemplo:

A descoberta científica tardia de que os produtos do trabalho como valores simplesmente expressam materialmente que são trabalho humano gasto em sua produção marcou época na história do desenvolvimento da humanidade, mas não dissipou em nada a aparência objetificada (*gegenständlicher Schein*) do caráter social do trabalho.[102]

Marx chega mesmo a dizer que, da mesma forma que a decomposição científica do ar em seus elementos não impediu a forma-ar de subsistir como forma de um corpo físico, a decomposição analítica do valor da mercadoria em trabalho abstrato não retirou dela sua aparência de "forma natural do valor". Pois, ao consumir mercadorias, os sujeitos devem necessariamente agir como se acreditassem que naturalmente todos os trabalhos são apenas expressão de uma abstração. Digamos que a crença, ao menos nesse caso, é muito mais um caso de disposição de conduta que ganha realidade em situações sociais precisas do que a descrição de um estado mental.[103]

---

[102] MARX, Karl. *O capital*, livro I. Rio de Janeiro: Civilização Brasileira, 2006.

[103] Ver, sobre este ponto, ZIZEK, Slavoj. *Como Marx inventou o sintoma*.

Essa perspectiva de análise deveria ser mais sistematicamente explorada. No entanto, ela tende a desaparecer quando o problema do fetichismo é completamente retraduzido nas discussões sobre reificação. Pensemos, por exemplo, no que está por trás de uma afirmação como esta, de Lukács:

> Ao se relacionar a consciência com a totalidade da sociedade, torna-se possível reconhecer os pensamentos e os sentimentos que os homens *teriam tido* numa determinada situação da sua vida, *se tivessem sido capazes de compreender perfeitamente* essa situação e os interesses dela decorrentes, tanto em relação à ação imediata quanto em relação à estrutura de toda a sociedade conforme esses interesses.[104]

Ou seja, a perda da relação à totalidade, o desconhecimento da consciência em relação à estrutura social de significação que determina o significado objetivo da ação, implicaria incapacidade de compreender perfeitamente o que a consciência realmente faz. Há assim a crença de que o alargamento do horizonte de compreensão da consciência equivaleria à ruptura com a alienação da falsa consciência no domínio das relações reificadas e da aparência socialmente

---

[104] LUKÁCS, Georg, *op. cit.*, p. 141. Ou ainda: "Quanto mais se distancia do simples imediatismo, mais se estende a malha dessas relações, quanto mais completa a integração das coisas ao sistema dessas relações, mais a mudança parece perder seu caráter incompreensível, despojar-se de sua essência aparentemente catastrófica e tornar-se, assim, compreensível" (*Idem, op. cit.*, p. 317).

necessária. A crítica social vira então "descrição das estruturas que, em última instância, definem o campo de toda significação possível".[105] Como se a crítica social seguisse aqui o modelo das limitações da consciência cognitiva ou, ainda, de um bloqueio da *Erinnerung*, ou seja, da *historicização reflexiva* capaz de *desvelar* a história do desenvolvimento do processo real de produção que deveria ser interiorizada pela consciência de classe.

Mas talvez precisemos refletir sobre modelos de alienação que viabilizem uma crítica do fetichismo social não mais dependente dessas temáticas da *reificação* e da *falsa consciência*. É possível que a compreensão do fetichismo social nos exija um abandono da temática da reificação da essência na dimensão da aparência fantasmática do processo de determinação de valor ou da imagem como bloqueio da reconstrução do sentido como totalidade.

Alguém que compreendeu isso claramente foi Theodor Adorno. Ao descrever as estruturas materiais da ideologia nas sociedades pós-industriais, Adorno percebeu claramente como a ideologia não podia mais fazer apelo à noção de falsa consciência, mas precisava lidar com uma dimensão

> que representa uma camada que não é nem admitida nem reprimida — a esfera da insinuação, da piscadela de olhos, do "você sabe do que estou falando". Frequentemente, nos deparamos com um tipo de "imitação" do inconsciente na manutenção de certos tabus

---

[105] PRADO JR., Bento. *Alguns ensaios*. São Paulo: Paz e Terra, 2000, p. 210.

que, entretanto, não são inteiramente endossados. Até agora, nenhuma luz foi lançada sobre essa zona psicológica obscura.[106]

A clínica psicanalítica, em vários momentos, deparou-se com essa zona psicológica obscura na qual emerge uma camada do que nem é reprimido nem é assumido. Basta estar atento ao sentido de afirmações de psicanalistas como:

Vemos frequentemente, na análise, reações ou efeitos inesperados revelar crenças irracionais, "superstições" a respeito das quais o sujeito não tem consciência, mas que não são recalcadas. Nós não podemos fazê-las manifestas vencendo uma resistência, elas são algo mais fugidio, inconsistente, inapreensível, e isto é devido ao fato de as colocarmos na conta do outro.[107]

Nos dois casos, encontramos algo que não pode ser vencido apelando ao horizonte regulador de processos de ampliação do horizonte de compreensão da consciência.

Nesses casos, estamos muito próximos daquilo que Sloterdijk um dia chamou de *ideologia reflexiva* ou, ainda, uma *falsa consciência esclarecida*. Posições resultantes de um tempo que conhece muito bem os pressupostos ideológicos da ação, mas não encontra muita razão para reorientar, a

---

[106] ADORNO, Theodor. *As estrelas descem à Terra*. São Paulo: Unesp, 2008, p. 41.

[107] MANONNI, Octave, *op. cit.*, p. 19.

partir daí, a conduta. A noção de *ideologia reflexiva*, ou seja, de ideologia que absorve o processo de apropriação reflexiva de seus próprios pressupostos, é astuta por descrever a possibilidade de uma posição ideológica que porta em si mesma sua própria negação ou, de uma certa forma, sua própria crítica. Já o termo aparentemente contraditório *falsa consciência esclarecida* nos remete à figura de uma consciência que desvelou reflexivamente os móbiles que determinam sua ação "alienada", mas mesmo assim é capaz de justificar racionalmente a necessidade de tal ação. A crítica, por não poder fazer apelo à dimensão de uma verdade recalcada pela construção ideológica (já que tudo é posto pela consciência), perde sua eficácia para modificar predisposições de conduta. Daí a noção de que o cinismo: "É a consciência infeliz modernizada sobre a qual a *Aufklärung* agiu ao mesmo tempo com sucesso e em pura perda".[108] É nesse sentido que Sloterdijk pode dizer que, no cinismo: "Eles sabem o que fazem, e continuam a fazê-lo."

De fato, muito haveria ainda a se dizer a respeito desses problemas. No entanto, o que aqui está talvez sirva para deixar claro como, se o fetichismo foi um dispositivo criado a fim de impor distinções estruturais entre a consciência moderna então nascente e esses espaços infinitos nos quais o ocidente não encontrava sua imagem, depois de Freud e Marx ele podia voltar-se contra aqueles que o criaram. Sua maneira de descrever o fetichismo abriu as portas para a constituição de um esquema poderoso de compreensão de

---

[108] SLOTERDIJK, Peter. *Critique de la raison cynique*. Paris: Christian Bourgois, 1987, p. 28.

funcionamento social da fantasia que pode ainda ser desdobrado. Falemos aqui de "funcionamento social" porque se trata de identificar o modo com que fantasias "filogeneticamente partilhadas" (e haveria muito a discutir a respeito do que estaria por trás da noção freudiana, extremamente peculiar, de "filogênese") podem orientar nosso modo de relação com a realidade intersubjetiva.

CONCLUSÃO

Algo que a psicanálise nos ensinou é: um detalhe muitas vezes não é apenas um detalhe. De fato, podemos aplicar essa perspectiva aos próprios textos freudianos. Um detalhe, como as elaborações referentes ao fetichismo, talvez fosse o sintoma de uma outra teoria geral da mente que aos poucos procurava firmar-se. Neste pequeno livro, foi questão de avaliar tal hipótese. Certamente, vários pontos referentes à teoria da perversão, do narcisismo e da sexualidade não puderam ser abordados, pois fugiriam do escopo deste livro. Da mesma forma, não foi possível mostrar a profunda solidariedade estrutural entre as elaborações freudianas e o retorno do fetichismo ao campo da cultura feito por Adorno, apoiando-se aí também na temática marxista do fetichismo da mercadoria. Essa exposição exigiria, além da discussão de textos de Adorno, mostrar como a psicanálise pós-freudiana foi capaz de elaborar a aproximação entre as noções marxista e freudiana de fetiche. Pensemos, principalmente, em Jacques Lacan e sua maneira peculiar de desenvolver uma teoria do objeto em que o mesmo dispositivo (aquilo que Lacan chama de "objeto a") é usado tanto para descrever a noção psicanalítica de fetiche quanto a função estrutural da noção marxista de mais-valia. Todas essas elaborações serão objetos de estudos posteriores, o que faz com que este pequeno livro seja apenas um momento de um estudo mais amplo sobre a recuperação da relação entre psicanálise e teoria social.

No entanto, antes de terminar, faz-se necessário salientar alguns pontos que aparecem como saldo dessa reflexão sobre o fetichismo. O primeiro deles consiste em lembrar como a perversão tem um conteúdo de verdade: ela demonstra que as funções sintéticas do Eu na unificação de pulsões parciais nunca poderão ser realizadas a contento. Pois, enquanto produzida através da internalização da fantasia monista do gozo fálico, a unidade sintética do Eu será sempre solidária de uma clivagem.

Nesse sentido, a astúcia do fetichismo consistiria em apoiar-se na procura do que foi deixado para trás no processo de socialização do desejo, mas colonizando o passado com uma fantasia que nada mais é do que a perpetuação identitária do presente. Uma fantasia que projeta, para a infância, a imagem de uma *in*-diferença absoluta e ausência de alteridade. Como no conceito antropológico de fetichismo, trata-se mais uma vez de colonizar o Outro a partir de sua redução à condição de suporte de uma imagem fantasmática. No entanto, o Outro é agora nosso próprio passado.

Notemos como esse modo de compreender o fetichismo pode nos esclarecer aspectos importantes referentes à teoria psicanalítica do desenvolvimento sexual. Pois o fetichismo nos coloca diante de uma dinâmica peculiar de superação de fases do desenvolvimento libidinal. Uma fase arcaica não é simplesmente negada, mas *serve de apoio* à sustentação da fase posterior de organização. Tal fase não anula o passado, mas *o coloniza,* extraindo dele sua força, ou seja, procurando fazer com que ele funcione a partir de novas formas de organização. Como foi dito anteriormente, daí vem a fragilidade intrínseca do modo de organização libidinal próprio do primado fálico. Ele é obrigado a apoiar-se em algo que lhe nega.

Aqui, já podemos responder à questão sobre como pensar o problema da perversão sem depender de um certo "fantasma humanista" que procura compreendê-la a partir da temática da impossibilidade do reconhecimento do desejo do outro. O problema da perversão, fato que o fetichismo deixa bastante claro, não se refere à impossibilidade de reconhecer outro sistema de desejos e aspirações individuais. O verdadeiro problema refere-se à incapacidade de reconhecer um nível de alteridade que não se deixa pensar a partir da figura de um outro indivíduo, de uma outra identidade individual com seu sistema de interesses (daí porque devemos indicá-lo com um Outro maiúsculo — maneira de lembrar que se trata de algo que não se submete imediatamente à figura do indivíduo). Um nível de alteridade e de não identidade que parece insistir de maneira privilegiada no interior do campo do sexual.[109] Pois no campo do sexual encontramos necessariamente uma alteridade que não é

---

[109] Nesse sentido, podemos falar com o Charles Shepherdson: "Tal como a morte, a diferença sexual não é uma instituição humana, e se, em nossas teorias, pretendemos vê-la simplesmente como mais uma construção social, inventada por uma sociedade particular (como a democracia ou o cristianismo), não estaríamos involuntariamente sustentando a noção humanista (narcísica) de que 'o homem é senhor de todas as coisas'?" (SHEPHERDSON, Charles. *Vital signs: nature, culture, psychoanalysis.* Nova York: SUNY, 2000, p. 91).

exatamente *presença do outro,* mas anormatividade, resistência de submissão à norma, resistência vinda do que se fornece à experiência do todo e qualquer sujeito.

Nesse sentido, a reflexão sobre o fetichismo é um momento·importante na problematização da técnica analítica. Vimos anteriormente como a *Verleugnung* colocava problemas maiores para uma prática assentada em estratégias hermenêuticas de interpretação. Tal modalidade de interpretação, com sua procura arqueológica pelo sentido, como se tratasse de escavar um sentido soterrado e cujas ruínas seriam as formações do inconsciente, mostra eficácia principalmente diante de operações de recalcamento e repressão. Sabemos como há, em Freud, uma solidariedade profunda entre interpretação e recalque. No entanto, diante de uma organização psíquica na qual as operações de recalcamento de representações e repressão, embora presentes, foram secundarizadas em prol de mecanismos de clivagem do Eu, a técnica analítica tenderá a atuar de outra forma. Por outro lado, fica também relativizada a tendência a reconstruir a interpretação a partir de estratégias de subjetivação de uma castração compreendida como verdade recalcada do desejo.

Havíamos dito que as práticas de intervenção clínica da psicanálise baseiam-se, principalmente, na interpretação e no manejo da transferência. Alguns psicanalistas, como Jacques Lacan, acabaram por propor uma clínica em que o manejo da transferência ganha uma certa primazia. Nesse sentido, trata-se fundamentalmente de atualizar, no interior da relação transferencial, as fantasias que organizam os modos de relação do sujeito aos objetos do seu desejo. Isso permitiria que o psicanalista criasse as condições para uma "travessia da fantasia". Tal travessia pode ser entendida como uma espécie de *separação* na qual o núcleo real de gozo é afastado de sua colonização pela fantasia. Com isso, a economia narcísica suportada pela fantasia pode ser desativada devido à produção de uma posição *unheimliche*. No fundo, esse ponto demonstra que não se trata aqui simplesmente de negar a centralidade do recalque, mas de levar a sério a ideia freudiana da solidariedade entre *Verleugnung* e recalque do afeto. Algo desse afeto recalcado, ligado ao caráter de estranhamento próprio à experiência pré-narcísica da pulsão, precisa, pois, retornar.

Muito haveria a se dizer sobre esse processo, mas lembrá-lo aqui serve para indicar a extensão que as reflexões sobre o fetichismo podem adquirir no interior da teoria psicanalítica.

BIBLIOGRAFIA

ADORNO, Theodor. *As estrelas descem à Terra*. São Paulo: Unesp, 2008.

_____. *Negative Dialektik*. Frankfurt: Suhrkamp, 1973.

AGAMBEN, Giorgio. *Estâncias*. Belo Horizonte: Editora UFMG, 2007.

_____. *Profanações*. São Paulo: Boitempo, 2007.

ALTHUSSER, Louis. *Lire le Capital*. Paris: PUF, 1996.

BASS, Alan. *Diference and disavowal: the trauma of Eros*. Stanford: Stanford University Press, 2000.

BENJAMIN, Jessica. *The bonds of love*. Nova York: Pantheon, 1988.

BINET, Alfred. *Le fétichisme dans l' amour*. Paris: Payot et Rivages, 2001.

BÖHME, Hartmut. *Fetischismus und Kultur: eine andere theorie der Moderne*. Hamburgo: Rowohlt Verlag, 2006.

BUTLER, Judith. *Gender trouble*. Nova York: Routledge, 1999.

CANGUILHEM, Georges. "Histoire des réligions et histoire des sciences dans la théorie du fétichisme d'Auguste Comte". In: _____. *Etudes d'histoire et philosophie des sciences concernant le vivant et la vie*. Paris: Vrin, 2002.

_____. *O normal e o patológico*. Rio de Janeiro: Forense Universitária, 2002.

DAVID, Michèle. "Lettres inédites de Diderot et de Hume écrites de 1755 à 1763 au président de Brosses". *Revue Philosophique*, n. 2, abr.-jun. 1966.

_____. "La notion de fétichisme chez Auguste Comte et l'oeuvre du président De Brosses 'Origines des dieux fétiches'". *Revue d'Histoire des Réligions*, v. 171, n. 2, 1967, pp. 207-221.

DEBORD, Guy. *A sociedade do espetáculo.* Rio de Janeiro: Contraponto, 2002.

DE BROSSES, Charles. *Du culte des dieux fétiches.* Paris: Fayard, 1988.

DELEUZE, Gilles. *Présentation de Sacher Masoch.* Paris: Minuit, 1967.

DSM-IV-TR. *Manual diagnóstico e estatístico de transtornos mentais.* Porto Alegre: Artmed, 2002.

DUARTE, Rodrigo. "Seis nomes um só Adorno". *In*: NOVAES, Adauto (org.). *Artepensamento.* São Paulo: Companhia das Letras, 1994.

FAUSTO, Ruy. *Dialética marxista, dialética hegeliana: a produção capitalista como circulação simples.* São Paulo: Brasiliense, 1996.

FOUCAULT, Michel. *Histoire de la séxualité I.* Paris: Gallimard, 1976.

_____. *O nascimento da biopolítica.* São Paulo: Martins Fontes, 2009.

FREUD, Sigmund. *Gesammelte Werke.* Frankfurt: Fischer, 1999.

HABERMAS, Jürgen. *Conhecimento e interesse.* Rio de Janeiro: Zahar, 1982.

HONNETH, Axel. *Verdinglichung: Eine anerkennungstheoretische Studie.* Frankfurt: Suhrkamp, 2005.

IACONO, Alfonso. *Le fétichisme: histoire d'um concept*. Paris: PUF, 1992.

JAY, Martin. *Downcast Eyes: the Denigration of Vision in Twentieth Century French Though*. Berkeley: University of California Press, 1994.

_____. *Marxism and Totality: the Adventures of a Concept from Lukács to Habermas*. Berkeley: University of California Press, 1984.

KAPLAN, Louise. *Female perversion*. Northvale: Jason Aronson, 1997.

LACAN, Jacques. *Ecrits*. Paris: Seuil, 1966.

_____. *Séminaire I*. Paris: Seuil, 1975.

_____. *Séminaire IV*. Paris: Seuil, 1992.

_____. *Séminaire VII*. Paris: Seuil, 1986.

_____. *Séminaire X*. Paris: Seuil, 2004.

LAPLANCHE, Jean; PONTALIS, Jean-Bertrand. *Fantasme originaire, fantasmes d'origine, origines du fantasme*. Paris: Hachette, 1985.

LE BON, Gustave. *Psychologie des foules*. Paris: PUF, 1947.

LEBRUN, Jean-Pierre. *A perversão comum*. Rio de Janeiro: Companhia de Freud, 2008.

LÉVI-STRAUSS, Claude. *O suplício do Papai Noel*. São Paulo: Cosac e Naif, 2008.

LUKÁCS, Georg. *História e consciência de classe: estudos sobre a dialética marxista*. São Paulo: Martins Fontes, 2003.

MANNONI, Octave. *Clefs pour l'imaginaire ou L'autre scène*. Paris: Seuil, 1969.

MARX, Karl. *O capital*, livro I. Rio de Janeiro: Civilização Brasileira, 2006.

MAUSS, Marcel. *Oeuvres*, tome II. Paris: Minuit, 1974.

PONTALIS, Jean-Bertrand. Introduction. *In*: "L'objet du fétichisme", *Nouvelle Revue de Psychanalyse*, n. 2.

PRADO JR., Bento. *Alguns ensaios*. São Paulo: Paz e Terra, 2000.

RABANT, Claude. *Inventer le réel: le déni entre psychose et perversion*. Paris: Denöel, 1992.

REY-FLAUD, Henri. *Comment Freud inventa le fétichisme... et réinventa la psychanalyse*. Paris: Payot, 1994.

_____. *Le dementi pervers: le refoulé et l'oublié*. Paris: Aubier, 2002.

SAFATLE, Vladimir. *Cinismo e falência da crítica*. São Paulo: Boitempo, 2008.

_____. "Fetichismo e mimesis na filosofia adorniana da música", *Revista Discurso*, n. 37, pp. 365-406.

_____. "A teoria da pulsão como ontologia negativa", *Revista Discurso*, n. 36, 2006, pp. 151-192.

SHEPHERDSON, Charles. *Vital Signs: Nature, Culture, Psychoanalysis*. Nova York: SUNY, 2000.

SLOTERDIJK, Peter. *Critique de la raison cynique*. Paris: Christian Bourgois, 1987.

STALLYBRASS, Peter. *O casaco de Marx: roupas, memória, dor*. Belo Horizonte: Autêntica, 2008.

STOLLER, Robert. *Observando a imaginação erótica*. Rio de Janeiro: Imago, 1998.

TUZIN, Donald. "Croyances paradoxales: Mannoni, Kwamwi et la rencontre des deux esprits". *Revue Incidence*, n. 2, octobre 2006.

WEBER, Max. *Economia e sociedade,* vol. 1. Brasília: Editora da UnB, 1994.

WINNICOTT, Donald. *Jeu et réalité*. Paris: Seuil, 1971.

ZIZEK, Slavoj. "Como Marx inventou o sintoma". *In*: _____ (org.). *O mapa da ideologia*. Rio de Janeiro: Contraponto, 1996.

ZUPANCIC, Alenka. "Sexuality and ontology". *In*: *Why psycho-analysis?* Uppsala: NSU Press, 2008.

CRONOLOGIA DE SIGMUND FREUD*

1856 — Sigmund Freud nasce em Freiberg, antiga Morávia (hoje na República Tcheca), em 6 de maio.

1860 — A família Freud se estabelece em Viena.

1865 — Ingressa no Leopoldstädter Gymnasium.

1873 — Ingressa na faculdade de medicina em Viena.

1877 — Inicia pesquisas em neurologia e fisiologia. Primeiras publicações (sobre os caracteres sexuais das enguias).

1881 — Recebe o título de Doutor em medicina.

1882 — Noivado com Martha Bernays.

1882-5 — Residência médica no Hospital Geral de Viena.

1885-6 — De outubro de 85 a março de 86, passa uma temporada em Paris, estagiando com Charcot no hospital Salpêtriére, período em que começa a se interessar pelas neuroses.

1884-7 — Dedica-se a estudos sobre as propriedades clínicas da cocaína, envolve-se em polêmicas a respeito dos efeitos da droga.

1886 — Casa-se com Martha Bernays, que se tornará mãe de seus seis filhos.

---

* Os títulos assinalados em negrito marcam os livros que integram a coleção Para ler Freud.

1886-90 — Exerce a medicina como especialista em "doenças nervosas".

1892-5 — Realiza as primeiras pesquisas sobre a sexualidade e as neuroses; mantém intensa correspondência com o otorrinolaringologista Wilhelm Fliess.

1895 — Publica os *Estudos sobre a histeria* e redige **Projeto de psicologia para neurólogos**, que só será publicado cerca de cinqüenta anos depois.

1896 — Em 23 de outubro, falece seu pai, Jakob Freud, aos oitenta anos de idade.

1897-9 — Auto-análise sistemática; redação de **Interpretação dos sonhos**.

1899 — Em 15 de novembro, publicação de *Interpretação dos sonhos*, com data de 1900.

1901 — Em setembro, primeira viagem a Roma.

1902 — Fundação da "Sociedade Psicológica das Quartas-feiras" (que em 1908 será rebatizada de Sociedade Psicanalítica de Viena). Nomeado Professor Titular em caráter extraordinário da Universidade de Viena; rompimento com W. Fliess.

1903 — Paul Federn e Wilhelm Stekel começam a praticar a psicanálise.

1904 — **Psicopatologia da vida cotidiana** é publicada em forma de livro.

1905 — Publica *Três ensaios sobre a Teoria da Sexualidade*, *O Caso Dora*, *O chiste e sua relação com o inconsciente*. Edward Hitschmann, Ernest Jones e August Stärcke começam a praticar a psicanálise.

146

1906 — C. G. Jung inicia a correspondência com Freud.

1907-8 — Conhece Max Eitingon, Jung, Karl Abraham, Sándor Ferenczi, Ernest Jones e Otto Rank.

1907 — Jung funda a Sociedade Freud em Zurique.

1908 — Primeiro Congresso Psicanalítico Internacional (Salzburgo). Freud destrói sua correspondência. Karl Abraham funda a Sociedade de Berlim.

1909 — Viagem aos Estados Unidos, para a realização de conferências na Clark University. Lá encontra Stanley Hall, William James e J. J Putman. Publica os casos clínicos *O homem dos ratos* e **O pequeno Hans**.

1910 — Congresso de Nurembergue. Fundação da Associação Psicanalítica Internacional. Em maio, Freud é designado Membro Honorário da Associação Psicopatológica Americana. Em outubro, funda o *Zentralblatt für Psychoanalyse*.

1911 — Em fevereiro, A. A. Brill funda a Sociedade de Nova Iorque. Em maio, Ernest Jones funda a Associação Psicanalítica Americana. Em junho, Alfred Adler afasta-se da Sociedade de Viena. Em setembro, realização do Congresso de Weimar.

1912 — Em janeiro, Freud funda a revista *Imago*. Em outubro, Wilhelm Stekel se afasta da Sociedade de Viena.

1912-14 — Redige e publica vários artigos sobre técnica psicanalítica.

1913 — Publica **Totem e tabu.**

1913 — Em janeiro, Freud funda a *Zeitschrift für Psychoanalyse*. Em maio, Sándor Ferenczi funda a Sociedade de Budapeste. Em setembro, Congresso de Munique. Em outubro, Jung corta relações com Freud. Ernest Jones funda a Sociedade de Londres.

1914 — Publica **Introdução ao narcisismo**, *História do Movimento Psicanalítico* e redige o caso clínico *O homem dos lobos*. Em abril, Jung renuncia à presidência da Associação Internacional. Em agosto, Jung deixa de ser membro da Associação Internacional.

1915 — Escreve o conjunto de artigos da chamada Metapsicologia, nos quais se incluem **As pulsões e seus destinos**, **Luto e melancolia** (publicado em 1917) e **O inconsciente**.

1916-17 — Publicação de *Conferências de introdução à Psicanálise*, últimas pronunciadas na Universidade de Viena.

1917 — Georg Grodeck ingressa no movimento psicanalítico.

1918 — Em setembro, Congresso de Budapeste.

1920 — Publica **Além do princípio do prazer**, em que introduz os conceitos de "pulsão de morte" e "compulsão à repetição"; início do reconhecimento mundial.

1921 — Publica *Psicologia das massas e análise do Ego*.

1922 — Congresso em Berlim.

1923 — Publica *O Ego e o Id*; descoberta de um câncer na mandíbula e primeira das inúmeras operações que sofreu até 1939.

1924 — Rank e Ferenczi manifestam divergências em relação à técnica analítica.

1925 — Publica *Autobiografia* e *Algumas consequências psíquicas da diferença anatômica entre os sexos.*

1926 — Publica *Inibição, sintoma e angústia* e *A questão da análise leiga.*

1927 — Publica **Fetichismo** e *O futuro de uma ilusão.*

1930 — Publica **O mal-estar na civilização**; entrega do único prêmio recebido por Freud, o prêmio Goethe de Literatura, pelas qualidades estilísticas de sua obra. Morre sua mãe.

1933 — Publica *Novas Conferências de Introdução à Psicanálise.* Correspondência com Einstein publicada sob o título de *Por que a guerra?* Os livros de Freud são queimados publicamente pelos nazistas em Berlim.

1934 — Em fevereiro, instalação do regime fascista na Áustria, inicia o texto *Moisés e o monoteísmo*, cuja redação e publicação continuam até 1938/39.

1935 — Freud é eleito membro honorário da British Royal Society of Medicine.

1937 — Publica *Construções em análise* e *Análise terminável ou interminável.*

1938 — Invasão da Áustria pelas tropas de Hitler. Sua filha Anna é detida e interrogada pela Gestapo. Partida para Londres, onde Freud é recebido com grandes honras.

1939 — Em 23 de setembro, morte de Freud, que deixa inacabado o *Esboço de psicanálise*; seu corpo é cremado e as cinzas colocadas numa urna conservada no cemitério judaico de Golders Green.

OUTROS TÍTULOS DA COLEÇÃO PARA LER FREUD

Histeria – O início de tudo, por Denise Maurano

Totem e tabu – Um mito freudiano, por Caterina Koltai

A interpretação dos sonhos – A caixa-preta dos desenhos, por John Forrester

Além do princípio do prazer — Um dualismo incontornável, por Oswaldo Giacoia Junior

As duas análises de uma fobia em um menino de cinco anos: O pequeno Hans — A psicanálise da criança ontem e hoje, por Celso Gutfreind

Luto e melancolia — À sombra do espetáculo, por Sandra Edler

O complexo de Édipo — Freud e a multiplicidade edípica, por Chaim Samuel Katz

As pulsões e seus destinos — Do corporal ao psíquico, por Joel Birman

Este livro foi composto na tipografia
Berkeley, em corpo 11/14,5, e impresso em
papel off-white no Sistema Digital Instant Duplex
da Divisão Gráfica da Distribuidora Record.